W0173025

Cronuts, Donuts & Co.

CROGELS – AUSSEN KNUSPRIG, INNEN WEICH 68

Wie beim Bagel wird auch der Rohling des Crogel – einer Kreuzung aus Croissant und Bagel – in Wasser vorgegart und anschließend gebacken. Und so ist dieses Gebäckstück außen besonders knusprig und innen köstlich weich.

BRUFFINS – EINE KLEINE MAHLZEIT 80

Der Bruffin, die Kreuzung aus Brioche und Muffin, wird aus einem lockeren, fettreichen Hefeteig zubereitet und in einer Muffinform gebacken. In den Teig lassen sich süße und herzhafte Zutaten einrollen. Danach heißt es für ihn: ab ins Blech.

Die heißen Backtrends

In New York ist ein wahrer Hype ausgebrochen: Zwitter-Snacks. Ob im Big Apple oder im Bagel Store – hier wurden nicht nur Wortsilben, sondern auch Teige gekreuzt. So entstand aus einem Croissant und einem Bagel ein Crogel, aus einem Croissant und einem Donut ein Cronut und aus einer Brioche und einem Muffin ein Bruffin. Neue Namen aus den USA, aber die Backkunst stammt aus Europa.

Der Teig des Croissants, das es erst seit Ende des 19. Jahrhunderts gibt, stand bei den neuen Gebäckstücken Pate. Das Croissant ist eine Kombination aus Hefe- und Blätterteig. Deshalb heißt der Teig auch Hefe-Blätterteig, manchmal auch Plunderteig. Die eingearbeiteten Butterschichten bringen den Teig zum Blättern oder Plundern. Sie heben die Teigschichten beim Backen und machen das Gebäck locker. Und so vereinen sich in einem Gebäck knuspriger Blätterteig und kräftiger Hefeteig – genau die Eigenschaften, die auch Cronuts und Crogels brauchen.

HYBRIDE, DIE ES IN SICH HABEN

Donuts, ob aus Hefe- oder Rührteig, werden ausgerollt und ausgestochen und anschließend frittiert. Wegen ihrer Zartheit heißen die mit Rührteig und Backpulver bereiteten Gebäckstücke auch Cake-Donuts. Auch die im Donut-Blech Gebackenen gehören dazu. Sie lassen sich nach Belieben füllen und dekorieren.

Der Crogel ist außen Bagel und innen Croissant. Der ringförmige Bagel wird aus Hefeteig bereitet, geformt, kurz in kochendes Wasser getaucht und dann im Backofen gebacken. Was der Bagel aus Hefeteig im Wasser kann, geschieht mit dem Crogel aus Hefe-Blätterteig ebenfalls: Auch er wird im Wasser vorgegart.

Der Bruffin wiederum setzt sich aus der französischen Brioche und dem amerikanischen Muffin zusammen, der gefüllt und in einer Muffinform gebacken wird. Alle Gebäckstücke brauchen etwas Zeit. Und wer es mal eilig hat, kann das Gebäck auch aus Fertigteig bereiten.

Viel Spaß wünscht Ihnen
Karin Iden

Tipps & Tricks rund ums Backen

Zwar sind die neuen Backkreationen etwas aufwendiger in der Zubereitung, doch mit den folgenden Tipps und Tricks sparen Sie Zeit und mühsame Eigenversuche.

SO WIRD HEFE-BLÄTTERTEIG LUFTIG

Hefeteig nach Rezept zubereiten. Für das Butterstück die Butter zwischen Frischhaltefolie gut 1,5 Zentimeter dick ausrollen. Anschließend in der Folie etwa 12 Stunden oder über Nacht kühlen. Den gekühlten Hefeteig zu einem Rechteck ausrollen, das Butterstück in die Mitte legen und den Teig von allen Seiten darüber zusammenklappen. Erneut kühl stellen. Das Teigstück nach dem Kühlen in einer Richtung ausrollen, bis es etwa dreimal so lang wie breit ist. Dabei nicht zu stark auf den Teig drücken. Beide Seiten zur Mitte klappen, nochmals 30 Minuten kühlen. Diesen Vorgang weitere 2- bis 3-mal wiederholen. Zwischendurch kühlen.

SO GEHT'S MIT FERTIGTEIG

Den Teig aus der Dose (250 g) entrollen. Die Teigplatte auf den Tisch legen, die Markierungen zu einer Teigfläche zusammendrücken. Den rechteckigen Teig zur Mitte rechts und links einklappen, sodass 3 gleich große Rechtecke übereinander liegen. Mit der Teigrolle glatt rollen. Wiederholt den Teig einmal zur Mitte falten und noch einmal mit der Teigrolle glatt rollen. Mit einer Ausstechform große Kreise (ca. 8 cm Ø), in der Mitte jeweils einen kleinen Kreis (ca. 2 bis 3 cm Ø) ausstechen. Aus Fertigteig lassen sich Crogels, Cronuts und Bruffins zubereiten. Für Bagels wäre der fertige Croissantteig eine Option.

AUSSTECHEN & SCHNEIDEN

Ob Donuts, Bagels oder Cronuts – mit einem Außendurchmesser von 7 bis 8 Zentimeter und einem Innendurchmesser von 2 bis 3 Zentimeter entsteht eine Ringform. Zum Ausstechen eignen sich Gläser, Joghurtbecher oder Schraubverschlüsse. Die Konturen sollten mit einem spitzen Messer nachgeschnitten werden. Oder Sie wickeln jedes Teigstück um den Stiel eines Kochlöffels, bis das Loch entsteht.

GUT EINGETAUCHT

Bagels und Crogels werden nach dem letzten Gehen mit Honig oder Zucker kurz in simmerndes Wasser eingetaucht und wandern danach für 20 Minuten in den vorgeheizten Backofen. Das gibt ihnen eine gebräunte Figur und einen krossen Geschmack. Und was der Bagel aus Hefeteig im Wasser kann, kann der Crogel aus Croissantteig schon lange. Während das eine Gebäck sein Bad im Wasser nimmt, taucht der Donut und Cronut ins heiße Fett.

GUT FRITTIERT

Eine Fritteuse, aber auch ein großer Topf oder ein Wok mit geschmacksneutralem Pflanzenöl sind ideal. Die Teigrohlinge von Donuts und Cronuts tauchen hier ein. Für Cronuts wird in Amerika Traubenkernöl verwendet. Da das bei uns recht kostspielig ist, passt auch Sonnenblumen- oder Rapsöl. Und nicht zu wenig: Es sollten mindestens 1,5 Liter sein. Sie können das Öl noch einmal verwenden, wenn Sie es komplett abkühlen lassen, filtern und in die Flasche zurückfüllen.

Es ist ratsam, das Öl zunächst auf 180 °C zu erhitzen und die Hitze anschließend auf 170 °C zu reduzieren. Steigen kleine Bläschen an einem ins heiße Fett getauchten Kochlöffelstiel auf, ist das Öl heiß genug. Dann geht's los! Die Teiglinge lassen sich in 4 Minuten beidseitig frittieren. Mit einer Schaumkelle herausheben und auf einer mit doppeltem Küchenpapier ausgelegten Platte absetzen; so kann das Fett gut abtropfen.

Tipp

Übrig gebliebene Teigreste – die Innenkreise (2–3 cm) und die »Teigschnipsel« – lassen sich ebenfalls knusprig frittieren. Noch warm in einer Schüssel mit Zimt und Zucker vermischt schmecken sie einfach super.

AUFSCHNEIDEN, WÄLZEN & FÜLLEN

Donuts, Bagels und Crogels waagerecht mit einem Sägemesser halbieren. Oft werden auch Cronuts auf diese Weise bearbeitet. Dann ganz nach Belieben Donuts und Cronuts noch warm in Zucker oder einer Zucker-Zimt-Mischung wälzen. Zum Füllen das Gebäck entweder ebenfalls waagerecht halbieren, die Füllung auf die untere Hälfte geben und mit der oberen Hälfte bedecken. Oder mit der Spitze einer Garnierspritze jeweils 4 bis 5 Löcher einstechen. Die Füllung in einen Spritzbeutel mit langer Garniertülle geben und die Gebäckstücke damit füllen. Die Glasur mit einem Pinsel auftragen oder in eine Spritztüte geben. Obenauf mit Dekomaterial garnieren.

FÜLLUNGEN – UNENDLICHE MÖGLICHKEITEN

Je nachdem wie die Cronuts oder Donuts gefüllt sind – mit Frucht-, Vanille- oder Schokocreme oder auch mit fertigem Puddingpulver –, lässt sich die Deko entsprechend anpassen. Die Füllung können Sie selbst aus fruchtigen Vorräten herstellen oder dafür Fertigware verwenden, z. B. aus dem Frischeregal, Früchtejoghurts oder Früchte aus dem Glas. Jede Konfitüre und jeder Fruchtaufstrich lässt sich mit Schlagsahne oder Creme aufschlagen – und schwupp ist die Füllung da!

GARNIERUNGEN SIND HIPP!

Auch beim Garnieren sind Ihrer Fantasie keine Grenzen gesetzt. Sie können das Gebäck schlicht mit Puderzucker bestäuben, mit unterschiedlich eingefärbter Zuckerglasur überziehen, mit gerösteten und gehackten Mandeln bestreuen, mit Krokant, Kokosflocken, Schokoplättchen, Gojibeeren, Cranberrys oder Silber- und Goldperlen verzieren oder es mit Glitzer-Lebensmittelfarbe bemalen.

ZUM AROMATISIEREN

Abgeriebene Zitrusschalen verleihen eine feine Frische. Angenehm sind auch Gewürze wie Muskatnuss, rosa Pfeffer, Zimt, Curry oder Schwarzkümmel. Nicht zu vergessen Minzöl, Orangen- und Zitronenblütenwasser oder Rosenwasser.

GARNIEREN & DEKORIEREN

Kandierte Kirschen, sogenannte Belegkirschen, leuchten mittlerweile nicht nur in Rot, sondern auch in Gelb und Grün auf der Zuckerglasur. Mit Zuckerschrift aus kleinen Tuben lässt sich alles bunt bemalen. Lebensmittelfarben, am besten als Paste oder Pulver, gibt es in Gelb, Rot, Blau und vielen anderen Farbvarianten. Und auch die weitere Auswahl an im Handel erhältlichen Mitteln zum Garnieren und Dekorieren ist riesig: Gebäckschmuck, Zuckerperlen in Gold und Silber, kleine Herzen aus weißer und dunkler Schokolade oder aus rosa und weißem Zucker, Konfetti aus Zucker, farbige Kuvertüre, knusperzarte Dragees und verschiedenfarbige Zuckerperlen (Nonpareilles). Nach wie vor Trumpf sind Nuss- und Mandelkerne aller Art, auch geröstete Haferflocken lassen sich verwenden.

Donuts – auf die amerikanische Tour

Donuts lassen sich auf mehrere Arten herstellen. Gängig ist Hefeteig, der ausgerollt,
ausgestochen und frittiert wird. Aus Rührteig
mit Backpulver, der gerührt, kräftig geknetet,
ausgerollt und ausgestochen wird, gelingen
Cake-Donuts. Die werden dann entweder auch
frittiert oder im Donut-Blech, einer Variante des
Muffinblechs, gebacken.
Für alle Donuts gilt: Die Glasur ist ein Muss,
die Füllung ein Kann.

Donuts – das Grundrezept mit Hefeteig

ZUTATEN für 8 Stück

150 ml Milch (3,5 % Fett) │ 40 g weiche Butter │ 250 g Mehl

1 Päckchen Trockenhefe (17 g)

je 1 Prise gemahlener Zimt und Muskatnuss, frisch gerieben

½ TL Salz │ 40 g feinster Zucker │ 1 Eigelb

Mehl zum Verkneten, für die Arbeitsfläche und zum Bestäuben

1,5–2 l Sonnenblumenöl

Puderzucker zum Bestäuben oder

feinster Streuzucker mit Zimt gemischt

Zubereitungszeit: ca. 60 Minuten + 80 Minuten Gehzeit

ZUBEREITUNG

• Milch erhitzen, Butter darin zerlassen. Mehl, Trockenhefe und Gewürze in einer Schüssel mischen. Salz, Zucker und Eigelb sowie die lauwarme Milchmischung hinzugeben. Alles mit den Knethaken des Handrührgeräts erst auf kleiner, dann auf höherer Stufe 5 Minuten zu einem elastischen Teig verkneten.

• Teig mit bemehlten Händen zu einer Kugel formen, flach drücken und in der Schüssel abgedeckt an einem warmen Ort etwa 60 Minuten gehen lassen, bis sich sein Volumen verdoppelt hat.

• Die Arbeitsfläche mit etwas Mehl bestäuben. Den Teig zusammenstoßen, aus der Schüssel nehmen, leicht durchkneten und ca. 1,5 Zentimeter dick ausrollen. Mit einem Ausstecher (ca. 8 cm Ø) 8 runde Plätzchen ausstechen. In der Mitte mit einem kleineren Ausstecher (ca. 2 cm Ø) ebenfalls ein Plätzchen ausstechen und herausnehmen. Eventuelle Teigreste in kleine Stücke schneiden.

• Alle großen und kleinen Plätzchen sowie Teigreste in großem Abstand auf ein mit Backpapier ausgelegtes Blech setzen und abgedeckt nochmals etwa 20 Minuten gehen lassen. Sie vergrößern sich ebenfalls.

• Das Öl in einem Topf auf 175 °C erhitzen. Nacheinander die Teigringe und -reste schwimmend beidseitig goldgelb ausbacken. Herausnehmen, erst auf Küchenpapier legen, dann auf ein Kuchengitter setzen.

• Donuts entweder mit Puderzucker großzügig bestäuben oder in reichlich Streuzucker mit Zimt wenden. Sofort servieren. Die Donuts nach Belieben füllen, auf jeden Fall aber glasieren.

Tipps

Alle Backzutaten sollten die gleiche Temperatur haben.
Ein ganz einfacher Hefeteig entsteht, wenn Sie das Fett und das Ei weglassen.
Statt Trockenhefe können Sie auch frische Hefe (1 Würfel à 42 g) verwenden.
Für Donuts gibt es keinen adäquaten Fertigteig. Deshalb: selbst machen!

Cake-Donuts – das Grundrezept mit Rührteig

ZUTATEN für 8 Stück

30 g weiche Butter

100 g Zucker

1 Ei | 330 g Mehl

1 Päckchen Backpulver

je 1 Prise Salz, gemahlener Zimt und Muskatnuss, frisch gerieben

1 Messerspitze Vanillepulver (Aroma)

ca. 100 ml lauwarme Milch (3,5 % Fett)

Mehl für die Arbeitsfläche und zum Bestäuben

1,5–2 l Sonnenblumenöl

Zubereitungszeit: ca. 60 Minuten + 15 Minuten Ruhezeit

ZUBEREITUNG

• Butter, Zucker und Ei in einer Schüssel cremig schlagen. 300 Gramm Mehl, Backpulver, Salz, Gewürze und Vanillepulver mischen und abwechselnd mit der Milch nach und nach unter die Butter-Ei-Mischung rühren. Den Teig mit dem restlichen Mehl bestäuben und so lange kneten, bis er glatt und glänzend ist.

• Den Teig halbieren und auf leicht bemehlter Arbeitsfläche etwa 1,5 Zentimeter dick ausrollen. Mit einem Ausstecher (ca. 8 cm Ø) 8 Plätzchen ausstechen. Jeweils in der Mitte ein kleines Plätzchen (ca. 3 cm Ø) ausstechen und herausnehmen. Restlichen Teig erneut verkneten, ausrollen und Plätzchen ausstechen.

• Das Öl in einem Topf auf 175 °C erhitzen. Teigstücke auf der bemehlten Fläche abgedeckt etwa 15 Minuten ruhen lassen.

• Im heißen Fett portionsweise die großen und dann die kleinen Teigstücke goldgelb frittieren. Herausnehmen, auf Küchenpapier abtropfen lassen, auf ein Kuchengitter setzen und etwas abkühlen lassen. Die Cake-Donuts nach Belieben füllen, mit Glasur bestreichen und garnieren.

Cake-Donuts aus dem Blech – das Grundrezept

ZUTATEN für 12 Stück

1 Donut-Blech mit 12 Mulden (à 50 ml Inhalt bzw. 2 cm hoch)
Butter für das Donut-Blech │ Mehl zum Bestäuben │ 75 g weiche Butter
130 g feinster Zucker │ 1 Päckchen Bourbon-Vanillezucker │ 2 Eier
1 Vanilleschote │ 1 Prise Salz │ 150 g Mehl
50 g Speisestärke │ 2 gestrichene TL Backpulver (ca. 6 g)
150 ml lauwarmes Wasser oder lauwarme Milch (3,5 % Fett)
Zubereitungszeit: ca. 45 Minuten + 20 Minuten Backzeit

ZUBEREITUNG

• Den Backofen auf 170 °C (Umluft 150 °C, Gas Stufe 2) vorheizen. Die Mulden des Donut-Blechs leicht einfetten und dünn mit Mehl bestäuben.

• Butter, Zucker und Vanillezucker schaumig rühren. Eier nacheinander unter die Butter-Zucker-Mischung rühren und alles weiß-cremig aufschlagen. Die Vanilleschote längs aufschlitzen, das Mark herauskratzen. Unter Rühren Vanillemark und Salz zufügen. Mehl, Speisestärke und Backpulver mischen; abwechselnd mit Wasser oder Milch in die Schüssel geben und zu einem glatten Teig verrühren.

• Den Teig in einen Spritzbeutel mit glatter Tülle geben und ¾ hoch in die Mulden des Donut-Blechs füllen. Das Blech in den vorgeheizten Backofen auf die dritte Schiene von unten geben und die Donuts 20 Minuten backen.

• Nach dem Backen die Donuts an den Seiten vorsichtig mit einem spitzen Messer lockern und mit zwei Teelöffelstielen aus den Mulden heben. Auf einem Kuchengitter ganz abkühlen lassen.

• Donuts, die gefüllt werden sollen, mit einem scharfen Messer waagerecht halbieren. Auf die untere Hälfte die Füllung verteilen, mit der oberen Hälfte bedecken, mit Glasur bestreichen und mit Deko garnieren. Wer keine Füllung will, lässt sie einfach weg. Dafür die Glasur dick auftragen.

Starlight-Donuts

ZUTATEN für 8 Stück
8 Donuts (Grundrezept siehe S. 14f.)

Für die Füllung
1 Vanilleschote | 250 ml Milch | 20 g Speisestärke | 2 EL Zucker | 1 Prise Salz
20 g weiche Butter | 175 g zimmerwarmer Doppelrahmfrischkäse

Für die Glasur
250 g Puderzucker | 1 TL Vanillepulver (Aroma)
2 Messerspitzen Bourbon-Vanillezucker

Für die Deko
25 g gehackte Pistazien

Zubereitungszeit (ohne Donuts): ca. 40 Minuten + 60 Minuten Kühlzeit

ZUBEREITUNG

• Für die Füllung die Vanilleschote aufschlitzen, das Mark herauskratzen. Milch – 3 bis 4 Esslöffel beiseitestellen – mit der ausgekratzten Vanilleschote erhitzen. 5 Minuten ziehen lassen, Vanilleschote entfernen.

• Speisestärke, Zucker, Vanillemark und beiseitegestellte Milch verrühren. Vanillemilch mit Salz aufkochen. Topf vom Herd nehmen, angerührte Stärke unter Rühren in die Milch geben und anschließend alles unter Rühren nochmals aufkochen lassen. Butter unterschlagen. Doppelrahmfrischkäse in einer Schüssel glatt rühren. Die Puddingmasse löffelweise unterrühren und 50 Minuten kalt stellen.

• Frischkäsemischung durchrühren. Die Donuts waagerecht halbieren, die unteren Hälften mit der Frischkäsemischung bestreichen und mit den oberen Hälften bedecken.

• Für die Glasur Puderzucker sieben und mit dem Vanillepulver mischen. Mit so viel Wasser verrühren, dass eine sämige Masse entsteht. Mit Bourbon-Vanillezucker abschmecken. Donuts mit der Glasur bestreichen, auf ein Kuchengitter setzen und mit Pistazien bestreuen. Trocknen lassen und 10 Minuten kalt stellen.

Felix' Bests

ZUTATEN für 8 Stück

8 Donuts (Grundrezept siehe S. 14f.)

Für die Füllung

1 Vanilleschote │ 3 sehr frische Eigelb │ 60 g Zucker
1 Päckchen Bourbon-Vanillezucker │ 1 Prise Salz
4 gestrichene EL Speisestärke (40 g) │ 500 ml Milch │ 50 g weiche Butter

Für die Glasur

250 g Puderzucker │ ½ TL Vanillepulver │ 2 EL Vanillesirup

Für die Deko

80 g Zuckerstreusel

Zubereitungszeit (ohne Donuts): ca. 60 Minuten + 70 Minuten Kühlzeit

ZUBEREITUNG

• Für die Füllung die Vanilleschote längs aufschlitzen und das Mark herauskratzen. Eigelb, Zucker, Vanillezucker und Salz in einer Schüssel mit den Quirlen des Handrührgeräts etwa 2 Minuten cremig schlagen, anschließend die Speisestärke einrühren.

• Milch und ausgekratzte Vanilleschote in einem Topf erhitzen. 5 Minuten ziehen lassen, Vanilleschote entfernen. Vanillemark unterrühren. Die Milch erneut aufkochen lassen, 2 Esslöffel heiße Milch abnehmen, in die Eiercreme rühren und die gesamte Eiercreme in die Milch rühren. Unter ständigem Schlagen etwa 2 Minuten aufkochen. Danach unter ständigem Schlagen wieder abkühlen lassen.

• Die Butter stückchenweise unterrühren. Die Masse in eine Schüssel füllen und mit Frischhaltefolie bedecken. Abgekühlt 60 Minuten kalt stellen.

• Die Füllung aufschlagen. Die Donuts waagerecht halbieren, die unteren Hälften mit der Creme bestreichen und mit den oberen Hälften bedecken.

• Für die Glasur Puderzucker sieben und mit 3 bis 4 Esslöffel Wasser, Vanillepulver und Vanillesirup verrühren. Die Donuts mit der Glasur bepinseln und mit Zuckerstreuseln garnieren. Trocknen lassen und 10 Minuten kalt stellen.

Dark Chocolat

ZUTATEN für 8 Stück

8 Donuts (Grundrezept siehe S. 14f.)

Für die Füllung

150 g Schokolade (70 % Kakao) | 2 sehr frische Eier | 3 EL Zucker

1 Päckchen Bourbon-Vanillezucker

1 EL Weinbrand | 250 g Sahne

Für die Deko

100 g dunkle Schokoladenglasur

Für die Glasur

250 g Puderzucker | 2 EL Weinbrand

Zubereitungszeit (ohne Donuts): ca. 55 Minuten + 60 Minuten Kühlzeit

ZUBEREITUNG

• Für die Füllung die Schokolade in kleine Stücke brechen und über dem heißen Wasserbad schmelzen lassen.

• Eier trennen. Eigelb, 2 Esslöffel Zucker und Vanillezucker mit den Quirlen des Handrührgeräts so lange schaumig schlagen, bis sich der Zucker aufgelöst hat. Die Masse weiterschlagen und den Weinbrand zugeben.

• Abgekühlte geschmolzene Schokolade unter die Eigelbmasse heben. Eiweiß steif schlagen und restlichen Zucker einrieseln lassen. Sahne steif schlagen. Erst die Sahne, dann den Eischnee unter die Schokoladenmasse heben. Frischhaltefolie auf die Cremeoberfläche legen. Die Creme 60 Minuten kalt stellen.

• Die Füllung kräftig aufschlagen. In die Donuts von oben mit einer Lochtülle (Nr. 4/5) jeweils 5 Löcher stechen. Füllung in eine Garnierspritze mit langer Tülle geben und in die Öffnungen füllen.

• Für die Deko die Bitterschokoladenglasur schmelzen lassen und in eine kleine Spritztüte füllen. Für die Glasur Puderzucker sieben und mit 2 bis 3 Esslöffel heißem Wasser sowie Weinbrand zu einer sämigen Masse glatt rühren. Die Donuts mit der Glasur bestreichen und mit der dunklen Schokolade Muster setzen.

Kirsch-Donuts

ZUTATEN für 8 Stück
8 Donuts (Grundrezept siehe S. 14f.)

Für die Füllung
300 g frische Sauerkirschen | 1 Blatt weiße Gelatine
2 Blatt rote Gelatine | 1 Päckchen Bourbon-Vanillezucker
50 g Zucker | 1 EL Zitronensaft, frisch gepresst
2 EL roter Fruchtsirup | 125 g Sahne

Für die Glasur
200 g Puderzucker | 1 EL Zitronensaft, frisch gepresst
3–4 EL roter Fruchtsirup | 25 g weiche Butter

Für die Deko
ca. 24 Belegkirschen

Zubereitungszeit (ohne Donuts): ca. 35 Minuten + 30 Minuten Kühlzeit

ZUBEREITUNG

• Für die Füllung Kirschen waschen, abtropfen lassen, entstielen und entsteinen. Gelatine in kaltem Wasser einweichen.

• Die Kirschen im Mixer fein pürieren. Vanillezucker, Zucker, Zitronensaft und Fruchtsirup einrühren. In einem Topf kurz erhitzen und die Gelatine darin auflösen. Die Kirschmasse 20 Minuten kalt stellen. Sahne steif schlagen. Sobald die Kirschmasse zu gelieren beginnt, die Sahne unterheben.

• Fruchtcreme aufschlagen. Donuts waagerecht halbieren. Die unteren Hälften mit der Creme bestreichen und mit den oberen Hälften bedecken.

• Für die Glasur Puderzucker sieben und mit 1 Esslöffel Wasser, Zitronensaft und Fruchtsirup verrühren. Butter leicht schmelzen und unterrühren. Die Donuts mit der Glasur bestreichen.

• Für die Deko die Belegkirschen hacken. Sobald die Glasur auf den Donuts anzieht, mit den Kirschen bestreuen. Trocknen lassen und 10 Minuten kalt stellen. Nach Belieben noch mit frischen Kirschen garnieren.

Schoko-Minz-Donuts

ZUTATEN für 8 Stück

8 Donuts (Grundrezept siehe S. 14f.)

Für die Füllung

200 g Schokolade (70 % Kakao)

250 g Sahne │ 150 ml Milch (1,5 % Fett)

2–3 Tropfen Minzöl (aus der Apotheke)

Für die Glasur

250 g Puderzucker │ 1–2 Tropfen Minzöl (aus der Apotheke)

2 EL Butter │ 2 TL grüner Minzsirup

grüne Lebensmittelfarbe nach Belieben

Zubereitungszeit (ohne Donuts): ca. 50 Minuten + 70 Minuten Kühlzeit

ZUBEREITUNG

• Für die Füllung die Schokolade in kleine Stücke brechen. Sahne und Milch in einem kleinen Topf erhitzen, die Schokoladenstücke darin schmelzen und die Masse leicht abkühlen lassen. Minzöl zugeben und glatt rühren. Schokoladen-Minz-Masse abgedeckt etwa 60 Minuten oder über Nacht kalt stellen.

• Schokoladen-Minz-Masse kräftig durchrühren. In die Donuts von oben mit einer Lochtülle (Nr. 4/5) jeweils 5 Löcher stechen. Die Füllung in eine Garnierspritze mit langer Tülle geben und in die Öffnungen füllen.

• Für die Glasur Puderzucker sieben und mit 2 bis 3 Esslöffel heißem Wasser sowie Minzöl verrühren, bis eine sämige helle Masse entsteht. Die Butter in einem kleinen Topf schmelzen und unter die Puderzuckermasse rühren. Ein Drittel der Glasur in ein Schälchen geben und mit Minzsirup einfärben. Nach Belieben noch mit grüner Lebensmittelfarbe ergänzen.

• Die Donuts mit der hellen Glasur bestreichen und auf ein Kuchengitter setzen. Backpapier darunterlegen. Sobald die Glasur angezogen hat, die grüne Glasur in eine Spritztüte geben und die Donuts damit gitterartig verzieren. Trocknen lassen und 10 Minuten kalt stellen.

Simpsons Beerentraum

ZUTATEN für 8 Stück

8 Cake-Donuts (Grundrezept siehe S. 16)

Für die Füllung

270–300 g Fruchtmark (z. B. Erdbeere) | 1 EL Himbeersirup
1 TL Zitronensaft, frisch gepresst | 250 g kalte Sahne | 1 Tütchen Sahnesteif

Für die Glasur

250 g Puderzucker | 3–4 EL heißes Wasser oder Himbeersirup
rote Lebensmittelfarbe (Paste oder Pulver)

Für die Deko

kleine helle oder bunte Zuckerperlen

Zubereitungszeit (ohne Donuts): ca. 30 Minuten + 60 Minuten Kühlzeit

ZUBEREITUNG

• Für die Füllung Fruchtmark, Himbeersirup und Zitronensaft in einer Schüssel gut verrühren. Sahne mit Sahnesteif steif schlagen. Nach und nach das Fruchtmark unterrühren. Etwa 60 Minuten kalt stellen.

• Die Fruchtcreme durchrühren. In die Donuts von oben mit einer Lochtülle (Nr. 4/5) jeweils 5 Löcher stechen. Füllung in eine Garnierspritze mit langer Tülle geben und in die Öffnungen füllen. Alternativ die Donuts waagerecht halbieren, die unteren Hälften bestreichen und mit den oberen Hälften bedecken.

• Für die Glasur Puderzucker sieben und mit so viel Wasser oder Himbeersirup verrühren, dass eine sämige Masse entsteht. Wenig Lebensmittelfarbe einrühren. Es sollte leicht pink sein. Die Donuts mit der Glasur bestreichen. Sobald die Glasur leicht angezogen hat, mit Zuckerperlen garnieren.

Tipp

Sie können die Donuts im Sommer auch mit kleinen frischen Früchten wie z. B. Himbeeren oder Johannisbeeren garnieren – vorher gut trockentupfen – und im Winter mit getrockneten Cranberrys.

Donuts mit Matcha-Creme

ZUTATEN für 8 Stück

8 Cake-Donuts (Grundrezept siehe S. 16)

Für die Füllung

1 gestrichener TL Matcha-Pulver | 1 TL Ahornsirup | 40 g Puderzucker
1 TL Bourbon-Vanillezucker | 250 g Sahne | 3 TL Sofort-Gelatine | 150 g Mascarpone

Für die Glasur

50 g weiche Butter | 250 g Puderzucker

Für die Deko

rote, gelbe, grüne und blaue Zuckerperlen oder etwas Matcha-Pulver

Zubereitungszeit (ohne Donuts): ca. 35 Minuten + 60 Minuten Kühlzeit

ZUBEREITUNG

• Für die Füllung Matcha-Pulver in 2 bis 3 Teelöffel 80 °C heißem Wasser klümpchenfrei glatt rühren und abkühlen lassen. Ahornsirup unterrühren.

• Puderzucker sieben und mit Vanillezucker mischen. Mit Sahne verrühren. Sofort-Gelatine einstreuen und 1 Minute schlagen. Mascarpone unterrühren. Matcha-Masse noch einmal aufrühren und mit der Sahne-Mascarpone-Masse mischen. 60 Minuten kalt stellen.

• Die Matcha-Creme aufschlagen. Die Donuts waagerecht halbieren; die untere Hälfte mit der Matcha-Creme bestreichen und mit der oberen Hälfte bedecken.

• Für die Glasur die Butter schmelzen lassen. Puderzucker sieben und mit der flüssigen Butter sowie 4 Esslöffel heißem Wasser glatt rühren. Die Cake-Donuts sofort mit Glasur bestreichen. Sobald die Glasur angezogen hat, die Donuts mit Zuckerperlen garnieren oder mit Matcha-Pulver bestäuben. Auf einem Kuchengitter trocknen lassen und servieren.

Tipp

Wenn die Glasur auch grün sein soll, geben Sie ½ Teelöffel Matcha-Pulver mit heißem Wasser verrührt hinein.

Caipi-Donuts

ZUTATEN für 8 Stück

8 Cake-Donuts (Grundrezept siehe S. 16)

Für die Füllung

3 Bio-Limetten │ 15–20 frische kleine Minzblätter

3–4 EL brauner Rohrzucker │ 50 ml Cachaça

1 EL Limettensirup │ 250 g Mascarpone

50 g griechischer Sahnejoghurt │ 4 gehäufte TL Sofort-Gelatine

Für die Glasur

250 g Puderzucker │ 3 EL Cachaça

Zubereitungszeit (ohne Donuts): ca. 30 Minuten + 60 Minuten Kühlzeit

ZUBEREITUNG

• Für die Füllung Limetten waschen und trockenreiben. Von 2 Limetten die Schale mit einem Zestenreißer fein und grob abziehen; die Zesten in ein Gefäß geben und zugedeckt beiseitestellen. Alle Limetten halbieren, den Saft – ca. 150 Milliliter – auspressen und durch ein Sieb gießen. Minzblätter waschen und sehr fein schneiden. Mit Limettensaft und 2 Esslöffel Rohrzucker in einer Schüssel mit einem Schneebesen verrühren, bis sich der Zucker aufgelöst hat und nicht mehr knirscht. Zugedeckt 20 Minuten ziehen lassen.

• In ein feines Sieb geben, die Flüssigkeit ablaufen lassen und auffangen. Die Flüssigkeit mit Cachaça verrühren. Limettensirup, Mascarpone und Joghurt unterrühren, restlichen Zucker und Sofort-Gelatine hinzufügen und 1 Minute rühren. 60 Minuten kalt stellen.

• Die Füllung gut durchrühren. In die Donuts von oben mit einer Lochtülle (Nr. 4/5) jeweils 5 Löcher stechen. Die Füllung in eine Garnierspritze mit langer Tülle geben und in die Öffnungen füllen.

• Für die Glasur Puderzucker mit 3 bis 4 Esslöffel Wasser sowie Cachaça sämig verrühren. Auf den Donuts verteilen; sobald die Glasur anzieht, mit den feinen und groben Limettenzesten garnieren und anschließend sofort servieren.

Karamell-Donuts

ZUTATEN für 8 Stück
8 Cake-Donuts (Grundrezept siehe S. 16)
Für die Füllung
3 Eigelb | 30 g Puderzucker | 1 EL Speisestärke | 1 Prise Salz | 1 TL Vanillepulver
200 ml Milch (1,5 % Fett) | 200 g Sahne | 70 g brauner Rohrzucker
Für die Glasur
60 g weiße Schokolade | 15 g Kokosfett | 125 g Puderzucker | 1 Messerspitze Kakao
Für die Deko
100 g dunkle Schokoladenraspel (60 % Kakao)
Zubereitungszeit (ohne Donuts): ca. 45 Minuten + 70 Minuten Kühlzeit

ZUBEREITUNG

• Für die Füllung Eigelb und Puderzucker in eine Schüssel geben und mit den Quirlen des Handrührgeräts weiß-cremig schlagen. Speisestärke, Salz und Vanillepulver einrühren.

• Milch und Sahne in einem Topf erhitzen. Rohrzucker in einem flachen, breiten Topf unter Rühren bräunen lassen. Vorsichtig die heiße Milch-Sahne-Mischung dazugießen. So lange gut verrühren, bis sich der Karamell gelöst hat, und anschließend 10 Minuten kalt stellen.

• Karamellmilch langsam unter die Eigelb-Zucker-Mischung rühren. Zurück in den Topf geben und unter Rühren 30 Sekunden kochen lassen. In eine Schüssel füllen, Frischhaltefolie direkt auf die Creme-Oberfläche legen. Etwas abkühlen lassen und 60 Minuten kalt stellen.

• Die Karamellcreme durchrühren. Die Donuts waagerecht halbieren; die untere Hälfte mit der Karamellcreme bestreichen und mit der oberen Hälfte bedecken.

• Für die Glasur weiße Schokolade und Kokosfett in einer Schüssel über dem heißen Wasserbad schmelzen lassen. Puderzucker sieben und mit Kakao mischen. Unter die geschmolzene Schokolade rühren und die Donuts damit bestreichen. Mit Schokoladenraspeln bestreuen.

Irish-Whiskey-Donuts

ZUTATEN für 12 Stück

Für die Donuts

12 Cake-Donuts aus dem Blech (Grundrezept siehe S. 17)
abgeriebene Schale von ½ Bio-Zitrone

Für die Füllung

150 g Vollmilchschokolade | 200 g Sahne | 60 ml Irish-Cream-Likör
50 g Puderzucker | 1 Prise Fleur de Sel | abgeriebene Schale von ½ Bio-Orange

Für die Glasur

12 g Kokosfett | 200 g Puderzucker
3–4 EL Irish-Cream-Likör | etwas gelbe und orange Lebensmittelfarbe

Für die Deko

2–3 EL Konfettizucker

Zubereitungszeit (ohne Donuts): ca. 35 Minuten + 60 Minuten Kühlzeit

ZUBEREITUNG

• Die Cake-Donuts aus dem Blech wie im Rezept beschrieben zubereiten, jedoch Zitronenschale – mit Backpulver und Mehl gemischt – mit in den Teig geben.

• Für die Füllung Schokolade in kleine Stücke brechen und über dem warmen Wasserbad schmelzen lassen. Aufgekochte Sahne, Likör, Puderzucker, Fleur de Sel und Orangenschale einrühren und anschließend alles mit den Quirlen des Handrührgeräts glatt rühren. 60 Minuten kalt stellen.

• Die Donuts waagerecht halbieren; die untere Hälfte mit der Füllung bestreichen und mit der oberen Hälfte bedecken.

• Für die Glasur Kokosfett schmelzen und leicht abkühlen lassen. Mit Puderzucker, 2 Teelöffel Wasser und Irish-Cream-Likör verrühren. In zwei Schälchen geben. Eine Glasur mit gelber, die andere Glasur mit oranger Lebensmittelfarbe verrühren und mit einem Pinsel auf den Donuts verteilen. Die Donuts auf einem mit Pergamentpapier unterlegten Kuchengitter trocknen lassen. Mit Konfettizucker bestreut servieren.

Bunte Schokoringe

ZUTATEN für 12 Stück

Für die Donuts

12 Cake-Donuts aus dem Blech (Grundrezept siehe S. 17)

30 g Vollmilch-Schokoraspel

Für die Füllung

200 g Sahne | 100 g Vollmilchschokolade

Für die Glasur

200 g Puderzucker | 2–3 EL Apfelsaft | 12 g Kokosfett

Für die Deko

250 g Puderzucker | 1–2 EL Zitronensaft, frisch gepresst

grüne, gelbe, rote und blaue Lebensmittelfarbe

oder Zuckerschrift mit Schokolade

Zubereitungszeit (ohne Donuts): ca. 35 Minuten + 60 Minuten Kühlzeit

ZUBEREITUNG

• Die Cake-Donuts aus dem Blech wie im Rezept beschrieben zubereiten, jedoch Schokoraspel – mit Backpulver und Mehl gemischt – mit in den Teig geben.

• Für die Füllung Sahne und zerkleinerte Schokolade langsam in einem Topf erhitzen, bis die Schokolade geschmolzen ist. Schokoladensahne etwas abkühlen lassen und anschließend 60 Minuten kalt stellen.

• Schokoladensahne aufschlagen. Die Donuts waagerecht halbieren; die untere Hälfte mit der Creme bestreichen und mit der oberen Hälfte bedecken.

• Für die Glasur Puderzucker sieben und mit so viel Fruchtsaft verrühren, dass eine nicht zu dünne Masse entsteht. Kokosfett schmelzen, leicht abkühlen lassen und in die Glasur rühren. Mit einem Pinsel auf die Donuts streichen und die Donuts auf einem Kuchengitter trocknen lassen.

• Für die Deko Puderzucker sieben, mit Zitronensaft glatt rühren und mit Lebensmittelfarbe einfärben. Sobald die Glasur angezogen hat, auf die Donuts kleine Gesichter mit Zuckerschrift malen.

Bitterlikör-Orangen-Donuts

ZUTATEN für 12 Stück

Für die Donuts

12 Cake-Donuts aus dem Blech (Grundrezept siehe S. 17)

fein abgeriebene Schale von ½ Bio-Orange

Für die Füllung

je 125 ml trockener Weißwein und Orangensaft

fein abgeriebene Schale von ½ Bio-Orange

100 g Zucker | 4 EL Bitterlikör (z. B. Campari) | 1 EL Grenadinesirup

4 Blatt weiße Gelatine | 250 g Sahne | 1 Päckchen Vanillezucker

Für die Glasur

250 g Puderzucker | 3–4 EL Orangensaft, frisch gepresst

Für die Deko

40 g kandierte Rosenblütensplitter

Zubereitungszeit (ohne Donuts): ca. 30 Minuten + ca. 60 Minuten Kühlzeit

ZUBEREITUNG

• Die Cake-Donuts aus dem Blech wie im Rezept beschrieben zubereiten, jedoch Orangenschale – mit Backpulver und Mehl gemischt – mit in den Teig geben.

• Für die Füllung Weißwein, Orangensaft, Orangenschale und Zucker in einem Topf erhitzen und so lange verrühren, bis sich der Zucker aufgelöst hat. Bitterlikör und Grenadinesirup unterrühren.

• Gelatine kalt einweichen. Die Blätter einzeln ausdrücken, in der Likörmischung auflösen und diese so lange kalt stellen, bis die Masse zu gelieren beginnt. Sahne und Vanillezucker steif schlagen und locker unterheben. 60 Minuten kalt stellen.

• Die Füllung umrühren. Die Donuts waagerecht halbieren; die untere Hälfte mit der Creme bestreichen und mit der oberen Hälfte bedecken.

• Für die Glasur Puderzucker sieben und mit so viel Orangensaft verrühren, dass eine dickflüssige Masse entsteht. Die Donuts damit bestreichen. Mit den kandierten Rosenblütensplittern garnieren und auf einem Kuchengitter trocknen lassen.

Glückskäfer

ZUTATEN für 12 Stück

Für die Donuts

12 Cake-Donuts aus dem Blech (Grundrezept siehe S. 17)
2 TL Orangenblütenwasser

Für die Füllung

225 ml Milch │ 40 g Zucker │ 1 Prise Salz │ 25 g Speisestärke │ 1 TL Vanillepulver
(Aroma) │ 1 Eigelb (Gr. S) │ 80 g Butter │ 25 g Puderzucker │ 8 EL Erdbeerkonfitüre

Für die Glasur

3 EL Puderzucker │ 2 EL roter Fruchtsaft

Für die Deko

3 Streifen Zuckerglückskäfer (z. B. von Violas)

Zubereitungszeit (ohne Donuts): ca. 30 Minuten + 40 Minuten Kühlzeit

ZUBEREITUNG

- Die Cake-Donuts aus dem Blech wie im Rezept beschrieben zubereiten, dabei Orangenblütenwasser – mit Backpulver und Mehl gemischt – mit dazugeben.
- Für die Füllung Milch – etwas Milch zum Anrühren der Speisestärke beiseitestellen – mit Zucker und Salz erhitzen. Speisestärke, Vanillepulver, beiseitegestellte Milch und Eigelb verquirlen, den Topf vom Herd nehmen und die angerührte Speisestärke in die Milch einrühren. Die Creme unter Rühren aufkochen und anschließend unter kurzem Rühren abkühlen lassen.
- Butter und Puderzucker schaumig rühren und esslöffelweise in die Vanillecreme einrühren. 4 Esslöffel Erdbeerkonfitüre unterrühren. Frischhaltefolie direkt auf die Creme-Oberfläche legen, 30 Minuten kalt stellen.
- Die Füllung aufschlagen. Die Donuts waagerecht halbieren; die untere Hälfte mit der Creme bestreichen und mit der oberen Hälfte bedecken.
- Für die Glasur Puderzucker sieben, mit der restlichen Erdbeerkonfitüre und dem Fruchtsaft verrühren. Die Donuts damit bestreichen. Leicht trocknen lassen und auf jeden Donut einen Zuckerglückskäfer setzen.

Cronuts – eine runde Sache

Der französische Patissier Dominique Ansel kreierte 2012 in New York die Cronuts – eine Kreuzung aus Croissant und Donut. Und zwar nicht nur hinsichtlich des Wortes, sondern auch des Teigs: So hat der Cronut Blättriges vom Hefe-Blätter- oder Plunderteig des Croissants und gleichzeitig die kringelige Form des Donut. Für den Cronut wird der Hefe-Blätterteig wie für Croissants zubereitet; dieser wird anschlie-ßend geformt, frittiert, gefüllt und garniert. Das dauert seine Zeit. Aber er bringt uns mit der Langsamkeit der Zubereitung den Genuss auf den Tisch.

Cronuts – das Grundrezept

ZUTATEN für 8 Stück

Für den Hefe-Blätterteig

125 ml Milch (3,5 % Fett) | 40 g weiche Butter | 45 g feinster Zucker
250 g Mehl (Type 405 oder 550) | 1 Päckchen Trockenhefe (7 g)
je 2 Messerspitzen gemahlener Zimt und Muskatnuss, frisch gerieben
½ TL Salz | abgeriebene Schale von ½ Bio-Zitrone

Für das Butterstück

180 g weiche Butter | 25 g Mehl

Außerdem

Mehl zum Verkneten und für die Arbeitsfläche
1,5–2 l neutrales Pflanzenöl (z. B. Rapsöl)
Puderzucker zum Bestäuben oder feinster Streuzucker mit Zimt gemischt

Zubereitungszeit: ca. 100 Minuten + 80 Minuten Gehzeit + ca. 100 Minuten Kühlzeit

ZUBEREITUNG

• Milch erhitzen, Butter und Zucker darin auflösen. Mehl, Trockenhefe, Gewürze, Salz und Zitronenschale in einer Schüssel mischen. Die lauwarme Milchmischung darübergeben. Alles mit den Knethaken des Handrührgeräts erst auf kleiner, dann auf höherer Stufe zu einem elastischen Teig verarbeiten. Teig mit bemehlten Händen etwa 5 Minuten kneten, zu einer Kugel formen, flach drücken und in der Schüssel abgedeckt an einem warmen Ort etwa 60 Minuten gehen lassen, bis sich sein Volumen verdreifacht hat.

• Für das Butterstück weiche Butter und Mehl verkneten, zu einem Ziegel formen, zwischen zwei Lagen Frischhaltefolie zu einer Platte (ca. 20 x 20 cm) ausrollen und in Frischhaltefolie gewickelt ca. 15 Minuten kalt stellen.

• Den gegangenen Hefeteig zusammenstoßen und auf der bemehlten Arbeitsfläche etwa 1,5 Zentimeter dick rechteckig ausrollen. Das Butterstück in die Mitte legen, den Hefeteig von allen vier Seiten darüberschlagen. In Frischhaltefolie wickeln und 30 Minuten kühl stellen.

- Die Folie vom Teigblock abziehen und den Teig in eine Richtung ausrollen, bis er dreimal so lang wie breit ist. Dabei die Teigrolle immer wieder absetzen und mehr klopfen als rollen, da sich der Teig sonst verschiebt. Beide Teigenden zur Mitte hin einschlagen, erneut 30 Minuten kühlen und diesen Vorgang zwei- bis dreimal wiederholen.
- Anschließend den Teig auf der bemehlten Arbeitsfläche ca. 1,5 Zentimeter dick rechteckig (ca. 20 x 40 cm) ausrollen. Mit einem Ausstecher (ca. 8 cm Ø) 8 runde Plätzchen ausstechen. Jeweils in der Mitte mit einem kleinen Ausstecher (ca. 3 cm Ø) ebenfalls ein Plätzchen ausstechen und herausnehmen. Alle großen und kleinen Plätzchen in größerem Abstand auf ein mit Backpapier ausgelegtes Blech setzen und abgedeckt 20 Minuten gehen lassen. Sie vergrößern sich ebenfalls.
- Zum Frittieren das Öl in einem Topf oder einer Fritteuse auf 175 °C erhitzen. Nacheinander erst die großen, dann die kleinen Plätzchen schwimmend beidseitig goldgelb ausbacken. Herausnehmen, erst auf Küchenpapier legen, dann auf ein Kuchengitter setzen.
- Je nach Geschmack die Cronuts entweder großzügig mit Puderzucker bestäuben oder seitlich in reichlich Zimtzucker wenden. Alternativ können sie auch gefüllt und glasiert werden.

Tipp – Zubereitung mit Fertigteig

2 Packungen Croissantteig (à 250 g) einzeln auf der bemehlten Arbeitsfläche entrollen. Alle Vormarkierungen mithilfe eines Teelöffelstiels zusammendrücken. Einen Teigstreifen obenauf leicht mit Wasser bestreichen. Den zweiten Teigstreifen bündig darüberlegen und andrücken. Das Teigrechteck (60 x 20 cm) von rechts nach links übereinander schlagen. Mit der Teigrolle leicht glatt rollen, von oben und unten übereinander schlagen und ausrollen. Danach erneut zur Mitte einschlagen und glatt rollen. Mit der Teigrolle von unten nach oben rollen, sodass sich das Teigstück um ein Drittel verlängert. Mit Frischhaltefolie bedeckt 60 Minuten kühl stellen. Dann mit einem Ausstecher (8 cm Ø) 8 Kreise markieren und mit einer Messerspitze ausschneiden. Aus der Mitte einen kleineren Kreis (ca. 3 cm Ø) ausschneiden. Danach wie oben beschrieben frittieren und fertigstellen.

Klassische Cronuts

8 Cronuts (Grundrezept siehe S. 38f.)

Für die Füllung

450 ml Milch oder 375 ml Milch und 75 g Sahne

30 g Speisestärke oder 1 Päckchen Puddingpulver Bourbon-Vanille (38 g)

100 g feinster Zucker │ ½ TL Vanillepulver (Aroma) │ 1 Eigelb (Gr. M)

30 g weiche Butter │ 3 gehäufte TL Sofort-Gelatine

Zum Wälzen

80 g Zucker │ 1 TL Vanillepulver

Für die Glasur

100 g weiße Schokolade │ 125 g Zartbitterschokoladenglasur

Zubereitungszeit (ohne Cronuts): ca. 60 Minuten + 30 Minuten Kühlzeit

ZUBEREITUNG

• Für die Füllung Milch oder Milch-Sahne-Gemisch – 6 Esslöffel Milch beiseite-stellen – in einem Topf erhitzen. Speisestärke oder Puddingpulver mit 1 Esslöffel Zucker, Vanillepulver und der beiseitegestellten Milch verquirlen. Topf vom Herd nehmen und die angerührte Speisestärke in die heiße Milchmischung rühren. Aufkochen und 1 Minute kochen lassen. Eigelb mit etwas Milchmischung ver-quirlen und mit der Butter in die gesamte Milchmischung rühren. Puddingmasse vom Herd nehmen. Restlichen Zucker und Sofort-Gelatine mischen und 1 Minute einrühren. Frischhaltefolie direkt auf die Oberfläche der Puddingmasse legen, die Masse etwas abkühlen lassen und anschließend 30 Minuten kalt stellen.

• Zum Wälzen Zucker und Vanillepulver mischen; die noch warmen Cronuts seit-lich darin wälzen. Die Cronuts waagerecht halbieren, die unteren Hälften mit der Füllung bestreichen und mit den oberen Hälften bedecken.

• Für die Glasur die weiße Schokolade über dem heißen Wasserbad schmelzen und auf die Cronuts streichen. Die dunkle Glasur ebenfalls schmelzen. Sobald die weiße Glasur angezogen hat, mit der dunklen Glasur in Zickzacklinien verzieren.

Nougat-Mandel-Cronuts

ZUTATEN für 8 Stück

8 Cronuts (Grundrezept siehe S. 38f.)

Für die Deko

20 g Mandelblättchen

Für die Füllung

100 g Zartbitterschokolade | 100 g schnittfestes Nuss-Nougat

250 g Sahne | 1 EL gehackte Mandeln

Für die Glasur

100 g Zartbitterschokolade | 4 Tropfen Mandelaroma | 1 TL Rapsöl

Zubereitungszeit (ohne Cronuts): ca. 50 Minuten + 60 Minuten Kühlzeit

ZUBEREITUNG

• Für die Deko die Mandelblättchen in einer beschichteten Pfanne ohne Fett unter Wenden leicht rösten. Aus der Pfanne nehmen, beiseitestellen.

• Für die Füllung die Schokolade in kleine Stücke brechen, Nuss-Nougat klein würfeln. Sahne in einem kleinen Topf erwärmen und Schokolade sowie Nuss-Nougat darin schmelzen. Abgekühlt für 60 Minuten kalt stellen.

• Die Füllung aufschlagen. Die gehackten Mandeln unterrühren. In die Cronuts von oben mit einer Lochtülle (Nr. 4/5) jeweils 5 Löcher stechen. Füllung in eine Garnierspritze mit langer Tülle geben und in die Öffnungen füllen. Alternativ die Cronuts waagerecht halbieren, die unteren Hälften mit der Creme bestreichen und mit den oberen Hälften bedecken.

• Für die Glasur die Schokolade über dem heißen Wasserbad schmelzen und mit Mandelaroma sowie Öl verrühren. Die Cronuts damit bestreichen. Rasch mit Mandelblättchen bestreuen und sofort servieren.

Tipp

Die Glasur mit einem Pinsel auftragen oder in eine Pergamenttüte füllen und feine Streifen auf die Cronuts malen. Danach gleich mit Mandelblättchen bestreuen.

Cronuts mit Gewürzcreme

ZUTATEN für 8 Stück

8 Cronuts (Grundrezept siehe S. 38f.)

Für die Füllung

100 g zimmerwarmer Doppelrahmfrischkäse

1 TL Lebkuchengewürz

150 g weiße Schokolade (mind. 30 % Kakaobutter)

1 TL Rapsöl

250 g Sahne

Für die Deko

2–3 dünne Gewürzkekse (z. B. Kemmsche Kuchen) oder 2–3 EL Krokant

Für die Glasur

50 g weiße Schokolade

1 TL Rapsöl

Zubereitungszeit (ohne Cronuts): ca. 50 Minuten + 60 Minuten Kühlzeit

ZUBEREITUNG

• Für die Füllung Frischkäse und Lebkuchengewürz cremig rühren. Schokolade hacken, über dem heißen Wasserbad schmelzen und mit Rapsöl vermischen. Die Frischkäsemasse unter die Schokoladenmasse rühren. Sahne steif schlagen und unter die Füllung rühren. Etwa 60 Minuten kalt stellen.

• Die Füllung aufschlagen. In die Cronuts von oben mit einer Lochtülle (Nr. 4/5) jeweils 5 Löcher stechen. Füllung in eine Garnierspritze mit langer Tülle geben und in die Öffnungen füllen. Alternativ die Cronuts waagerecht halbieren, die unteren Hälften mit der Creme bestreichen und mit den oberen Hälften bedecken.

• Für die Deko Gewürzkekse zerbröseln. Für die Glasur die Schokolade über dem heißen Wasserbad schmelzen und mit dem Öl verrühren. Die Cronuts damit bestreichen und mit Gewürzkeksen oder Krokant bestreuen.

Cronuts mit Pistaziencreme

ZUTATEN für 8 Stück

8 Cronuts (Grundrezept siehe S. 38f.)

Zum Wälzen

100 g feinster Zucker

½ TL Vanillepulver

Für die Füllung

50 g gehackte Pistazien

200 g gesüßte Pistaziencreme

(z. B. Sanfte Pistazie, Brotaufstrich aus dem Glas)

250 g Sahne

1 Tropfen grüne Lebensmittelfarbe

Zubereitungszeit (ohne Cronuts): ca. 35 Minuten + 60 Minuten Kühlzeit

ZUBEREITUNG

• Die Cronuts wie im Rezept beschrieben zubereiten und auf einem Kuchengitter etwas abkühlen, aber nicht erkalten lassen.

• Zum Wälzen Zucker und Vanillepulver mischen. Die Ränder der noch warmen Cronuts in der Vanille-Zucker-Mischung wälzen.

• Für die Füllung die Hälfte der Pistazien noch feiner hacken. Pistaziencreme in einer Schüssel mit den Quirlen des Handrührgeräts verrühren, die feiner gehackten Pistazien dazugeben und unterrühren. Sahne hinzufügen und alles cremig rühren. Mit grüner Lebensmittelfarbe färben. Weiterschlagen, bis alles vermischt ist; anschließend 60 Minuten kalt stellen.

• Die Füllung aufschlagen. Etwa 3 bis 4 Esslöffel Pistaziencreme beiseitestellen. In die Cronuts von oben mit einer Lochtülle (Nr. 4/5) jeweils 5 Löcher stechen. Füllung in eine Garnierspritze mit langer Tülle geben und in die Öffnungen füllen.

• Für die Deko die beiseitegestellte Pistaziencreme noch einmal verrühren und in Klecksen auf die Cronuts geben. Mit den restlichen Pistazien bestreuen und sofort servieren.

Cronuts mit Eierlikörcreme

ZUTATEN für 8 Stück

8 Cronuts (Grundrezept siehe S. 38f.)

Für die Füllung

3 EL Puderzucker │ 3 gehäufte TL Sofort-Gelatine

6 EL Eierlikör │ 1 Spritzer Zitronensaft, frisch gepresst │ 250 g Sahne

Für die Glasur

1 Bio-Zitrone │ 250 g Puderzucker

2 EL Eierlikör │ 2 EL Sahne

Für die Deko

24 kleine Melisseblättchen

Zubereitungszeit (ohne Cronuts): ca. 45 Minuten + 60 Minuten Kühlzeit

ZUBEREITUNG

• Die Cronuts wie im Rezept beschrieben zubereiten und auf einem Kuchengitter abkühlen lassen.

• Für die Füllung 2 Esslöffel Puderzucker und Sofort-Gelatine mischen und mit Eierlikör 1 Minute lang zu einer cremigen Masse schlagen. Zitronenspritzer zugeben. Die Sahne mit dem restlichen Puderzucker steif schlagen und unter die Eierlikörmasse rühren. 60 Minuten kalt stellen.

• Die Füllung aufschlagen. In die Cronuts von oben mit einer Lochtülle (Nr. 4/5) jeweils 5 Löcher stechen. Füllung in eine Garnierspritze mit langer Tülle geben und in die Öffnungen füllen. Alternativ die Cronuts waagerecht halbieren, die unteren Hälften mit der Creme bestreichen und mit den oberen Hälften bedecken.

• Für die Glasur die Bio-Zitrone waschen und trockenreiben. Mit einem Zestenreißer Streifen von der Schale abziehen und abgedeckt beiseitestellen. Die Zitrone halbieren und auspressen. Den Saft durchsieben. Puderzucker ebenfalls sieben, mit 1 Esslöffel Zitronensaft, Eierlikör und Sahne glatt rühren und auf die Cronuts streichen. Melisseblättchen waschen. Die Cronuts mit der Melisse und den abgezogenen Zitronenzesten garnieren.

Cronuts mit Hugo-Creme

ZUTATEN für 8 Stück

8 Cronuts (Grundrezept siehe S. 38f.)

Für die Füllung

100 g Naturjoghurt | 3 EL Holundersaft | 4 EL Holunderblütensirup
1 EL feinster Zucker | 4 gehäufte TL Sofort-Gelatine | 250 g Sahne

Für die Deko

250 g Puderzucker | 3 EL Holunderblütensirup
3 EL Prosecco oder Mineralwasser
8 Tropfen Holundersaft
12–24 kleine Minzblättchen

Zubereitungszeit (ohne Cronuts): ca. 50 Minuten + 60 Minuten Kühlzeit

ZUBEREITUNG

• Die Cronuts wie im Rezept beschrieben zubereiten und auf einem Kuchengitter abkühlen lassen.

• Für die Füllung Joghurt, Holundersaft und Holunderblütensirup in eine Schüssel geben und mit den Quirlen des Handrührgeräts verrühren. Zucker und Sofort-Gelatine mischen, unter Rühren in die Sahne einrieseln lassen und alles 1 Minute steif schlagen. Mit der Joghurtmasse mischen und etwa 60 Minuten oder über Nacht kalt stellen.

• Die Füllung aufschlagen. Die Cronuts waagerecht mit einem Sägemesser halbieren, die unteren Hälften mit der Creme bestreichen und mit den oberen Hälften bedecken.

• Für die Deko Puderzucker, Holunderblütensirup und Prosecco oder Mineralwasser zu einer sämigen Glasur verrühren. Die Cronuts damit bestreichen oder beträufeln. Auf jeden Cronut 1 Tropfen Holundersaft setzen und diesen mit einem Holzstäbchen sofort durch die Glasur ziehen.

• Die Minze waschen und trocknen. Die Cronuts auf einem Teller anrichten und mit der Minze sowie nach Belieben mit Holunderblüten garniert servieren.

Mango-Kokos-Cronuts

ZUTATEN für 8 Stück

8 Cronuts (Grundrezept siehe S. 38f.)

Für die Füllung

2 reife Mangos │ 200 ml Kokosmilch (aus der Dose)

100 g saure Sahne (10 % Fett) │ Saft von 1 Bio-Zitrone

2 EL feinster Zucker │ 4 gehäufte TL Sofort-Gelatine

Für die Deko

50 g Kokosflocken

Für die Glasur

125 g Puderzucker │ 1–2 Tropfen gelbe Lebensmittelfarbe │ 1 TL Rapsöl

Zubereitungszeit (ohne Cronuts): ca. 55 Minuten + 60 Minuten Kühlzeit

ZUBEREITUNG

• Die Cronuts wie im Rezept beschrieben zubereiten und auf einem Kuchengitter abkühlen lassen.

• Für die Füllung Mangos schälen. Das Fruchtfleisch vom Kern schneiden und grob würfeln. Mit 150 Milliliter Kokosmilch, saurer Sahne und 3 Esslöffel Zitronensaft in ein hohes Gefäß geben und mit dem Stabmixer pürieren.

• Zucker und Sofort-Gelatine mischen, unter Rühren in die Mangomasse einrieseln lassen und alles 1 Minute steif schlagen. 60 Minuten kalt stellen.

• Die Füllung aufschlagen. In die Cronuts von oben mit einer Lochtülle (Nr. 4/5) jeweils 5 Löcher stechen. Füllung in eine Garnierspritze mit langer Tülle geben und in die Öffnungen füllen. Alternativ die Cronuts waagerecht halbieren; die unteren Hälften mit der Creme bestreichen und mit den oberen Hälften bedecken.

• Für die Deko Kokosflocken in einer beschichteten Pfanne ohne Fett unter Rühren goldgelb werden lassen, auf einen Teller geben und abkühlen lassen.

• Für die Glasur restliche Kokosmilch, restlichen Zitronensaft, Puderzucker, Lebensmittelfarbe und Rapsöl glatt rühren. Die Cronuts damit bestreichen und mit den gerösteten Kokosflocken bestreuen.

Cronuts mit Orangen-Lavendel-Creme

ZUTATEN für 8 Stück

8 Cronuts (Grundrezept siehe S. 38f.)

Für die Füllung

200 g weiße Schokolade | 150 g Sahne

fein abgeriebene Schale von 1 Bio-Orange

1 EL Vanillesirup oder 1 TL Vanillepulver (Aroma)

1–2 Tropfen Lavendelöl (aus der Apotheke)

Für die Deko

80 g weiße Schokolade | 1 TL neutrales Pflanzenöl (z. B. Rapsöl)

1 TL getrocknete Lavendelblüten (aus der Apotheke)

oder Blütenmix (aus dem Supermarkt)

Zubereitungszeit (ohne Cronuts): ca. 50 Minuten + 60 Minuten Kühlzeit

ZUBEREITUNG

• Die Cronuts wie im Rezept beschrieben zubereiten und auf einem Kuchengitter abkühlen lassen.

• Für die Füllung die Schokolade fein zerkleinern und in einer Schüssel über dem heißen Wasserbad unter Rühren schmelzen. Sahne aufkochen und in die aufgelöste Schokolade rühren. Orangenschale, Vanillesirup oder Vanillepulver sowie Lavendelöl unterrühren und die Masse leicht abkühlen lassen. Anschließend 60 Minuten kalt stellen.

• Die Füllung aufschlagen. In die Cronuts von oben mit einer Lochtülle (Nr. 4/5) jeweils 5 Löcher stechen. Füllung in eine Garnierspritze mit langer Tülle geben und in die Öffnungen füllen.

• Für die Deko die Schokolade hacken, in eine Schüssel geben, über dem heißen Wasserbad schmelzen und das Öl unterrühren. Die Cronuts damit beträufeln und mit den Lavendelblüten oder dem Blütenmix garnieren.

Cronuts mit Sanddorn und Gojibeeren

ZUTATEN für 8 Stück

8 Cronuts (Grundrezept siehe S. 38f.)

Für die Füllung

100 g Sahnejoghurt Natur (10 % Fett)

150 g mit Rohrzucker gesüßter Sanddornfruchtaufstrich

4 EL Sanddornsirup oder Sanddornsaft | 1 EL Zitronensaft, frisch gepresst

60 g Rohrzucker | 250 g Sahne | 1 Päckchen Sahnesteif

Für die Deko

50 g Gojibeeren (aus dem Bio-Laden)

Zubereitungszeit (ohne Cronuts): ca. 50 Minuten + 60 Minuten Kühlzeit

ZUBEREITUNG

• Für die Füllung Joghurt, 100 Gramm Sanddornfruchtaufstrich und 2 Esslöffel Sanddornsirup bzw. -saft gut verrühren. Mit Zitronensaft und Rohrzucker so lange schlagen, bis der Zucker nicht mehr knirscht. Die Sahne und Sahnesteif steif schlagen und unter die Sanddornmasse heben. 60 Minuten kalt stellen.

• Die Füllung aufschlagen. In die Cronuts von oben mit einer Lochtülle (Nr. 4/5) jeweils 5 Löcher stechen. Füllung in eine Garnierspritze mit langer Tülle geben und in die Öffnungen füllen. Alternativ die Cronuts halbieren und bestreichen.

• Für die Deko den restlichen Sanddornfruchtaufstrich und den restlichen Sanddornsirup oder Sanddornsaft verrühren. Die Cronuts damit beträufeln und mit den Gojibeeren garnieren. Sofort servieren.

Info

Gojibeeren werden auch Glücksbeeren genannt. Man bezeichnet sie auch als Superfood, weil sie alle essenziellen Spurenelemente, reichlich Vitamin A (Beta-Carotin), Vitamin C und D sowie eine beachtliche Menge B-Vitamine enthalten.

Cronuts mit Erdbeer-Basilikum-Creme

ZUTATEN für 8 Stück

8 Cronuts (Grundrezept siehe S. 38f.)

Für die Füllung

125 g Erdbeer-Dessertsauce (Fertigprodukt)

150 g Erdbeerjoghurt | 1 TL Puderzucker

1 Päckchen Sahnesteif | 250 g Sahne

2 Stängel Basilikum

Für die Deko

50 g Erdbeerkonfitüre | 1 EL Erdbeersirup

Zubereitungszeit (ohne Cronuts): ca. 50 Minuten + 60 Minuten Kühlzeit

ZUBEREITUNG

• Die Cronuts wie im Rezept beschrieben zubereiten und auf einem Kuchengitter abkühlen lassen.

• Für die Füllung Erdbeersauce und Erdbeerjoghurt verrühren. Puderzucker und Sahnesteif mischen. Die Sahne mit der Puderzuckermischung steif schlagen und unter die Erdbeer-Joghurt-Masse heben. Basilikum waschen und trockenschütteln. Die Blätter von den Stängeln zupfen; einige davon für die Deko beiseitelegen, den Rest kreuz und quer fein schneiden und unter die Erdbeercreme heben. 60 Minuten kalt stellen.

• In die Cronuts von oben mit einer Lochtülle (Nr. 4/5) jeweils 5 Löcher stechen. Füllung in eine Garnierspritze mit langer Tülle geben und in die Öffnungen füllen. Alternativ die Cronuts waagerecht halbieren, die unteren Hälften mit der Creme bestreichen und mit den oberen Hälften bedecken.

• Für die Deko Erdbeerkonfitüre und Erdbeersirup verrühren. Die Cronuts damit bestreichen und mit den beiseitegelegten Basilikumblättern garnieren. Sofort servieren.

Maronen-Cronuts

ZUTATEN für 8 Stück

8 Cronuts (Grundrezept siehe S. 38f.)

Für die Füllung

325 g Maronenpüree (aus der Dose)

200 g Doppelrahmfrischkäse | 1 EL Honig

2 EL Kirschwasser oder Apfelsaft

1 Päckchen Bourbon-Vanillezucker

100 g Sahne

Für die Deko

1 Flasche Schokoladen-Dessertsauce (125 g)

3 EL Schokoladensirup

Zubereitungszeit (ohne Cronuts): ca. 45 Minuten + 60 Minuten Kühlzeit

ZUBEREITUNG

• Die Cronuts wie im Rezept beschrieben zubereiten und auf einem Kuchengitter abkühlen lassen.

• Für die Füllung das Maronenpüree in einer Schüssel mit dem Pürierstab gut durchrühren. Doppelrahmfrischkäse, Honig, Kirschwasser oder Apfelsaft und Bourbon-Vanillezucker hinzufügen und alles noch einmal gut verrühren. Die Sahne steif schlagen und unter die Maronenmasse heben. 60 Minuten kalt stellen.

• Die Füllung nochmals aufschlagen. In die Cronuts von oben mit einer Lochtülle (Nr. 4/5) jeweils 5 Löcher stechen. Füllung in eine Garnierspritze mit langer Tülle geben und in die Öffnungen füllen.

• Für die Deko Schokoladensauce und Schokoladensirup verrühren. Die Cronuts damit bestreichen. Sofort servieren.

Tipp

Die Glasur mit einem Pinsel auftragen oder in eine Pergamenttüte füllen und feine Streifen auf die Cronuts malen.

Cronuts mit Forellenmousse

ZUTATEN für 8 Stück
8 Cronuts (Grundrezept siehe S. 38f.)

Für die Füllung
200 g geräuchertes Forellenfilet (am besten frisch geräuchert beim Fischhändler vorbestellen; alternativ aus dem Kühlregal)

½ Bund frischer Dill

100–150 g Sahne

150 g Crème légère (15 % Fett)

3 TL geriebener Meerrettich (aus dem Glas)

1–2 TL Zitronensaft, frisch gepresst

Salz │ 1 Prise Zucker

frisch gemahlener weißer Pfeffer

Zubereitungszeit (ohne Cronuts): ca. 30 Minuten + 30 Minuten Kühlzeit

ZUBEREITUNG

• Die Cronuts wie im Rezept beschrieben zubereiten und auf einem Kuchengitter abkühlen lassen.

• Für die Füllung das Forellenfilet mit zwei Gabeln zerpflücken. Dill waschen und trockenschütteln. Die Blättchen abzupfen; 1/3 davon grob schneiden, den Rest beiseitelegen.

• Dill, Sahne, Crème légère, Meerrettich, Zitronensaft, Salz, Zucker und Pfeffer in einem Mixbecher fein pürieren. 1/3 davon beiseitestellen.

• Crème-légère-Mischung und Forellenfilet im Mixer kräftig pürieren, dabei eventuell noch etwas Sahne einrühren. Abschmecken und die Mischung anschließend 30 Minuten kalt stellen.

• Die Cronuts waagerecht halbieren. Beiseitegelegten Dill auf den unteren Hälften verteilen. Die Forellenmousse gleichmäßig darauf verstreichen. Mit den oberen Hälften bedecken und die beiseitegestellte Crème-légère-Mischung in Klecksen daraufsetzen. Sofort servieren.

Cronuts mit Kalbsleberpâté

ZUTATEN für 8 Stück

8 Cronuts (Grundrezept siehe S. 38f.)

Für die Füllung

50 g weiche Butter | 200 g getrüffelte Kalbsleberpastete
oder feine Kalbsleberwurst mit Trüffeln | 125–150 ml Kalbsfond | ½ TL Pilz-
paste | 250 g Sahne | ½ TL gehackte Kräuter (z. B. Thymian- und Salbeiblätter)

Für die Deko

50 g gemischte bunte Salatblätter | einige frische Blüten (z. B. Kapuzinerkresse)

Zubereitungszeit (ohne Cronuts): ca. 40 Minuten + 60 Minuten Kühlzeit

ZUBEREITUNG

- Die Cronuts wie im Rezept beschrieben zubereiten und auf einem Kuchengitter abkühlen lassen.
- Für die Füllung die Butter schmelzen und abkühlen lassen. Abgekühlte Butter mit Kalbsleberpastete oder Kalbsleberwurst, Kalbsfond, Pilzpaste, Sahne und Kräutern cremig rühren. 60 Minuten kalt stellen.
- Die Füllung aufschlagen. Eventuell noch mit Kalbsfond verdünnen. In die Cronuts von oben mit einer Lochtülle (Nr. 4/5) jeweils 5 Löcher stechen. Füllung in eine Garnierspritze mit langer Tülle geben und in die Öffnungen füllen.
- Für die Deko die Salatblätter waschen und trockenschütteln. Den Salat auf den Cronuts und in der Mitte der Cronuts verteilen. Mit den Blüten garnieren und sofort servieren.

Tipp

Wenn Sie Fertigteig (Croissant & Plunderteig, 400 g) aus dem Frischeregal verwenden, rollen Sie diesen auf der leicht bemehlten Arbeitsfläche mit anhaftendem
Pergamentpapier aus. Die Oberfläche leicht befeuchten und von links und rechts
zur Mitte hin einschlagen und erneut ausrollen. Diesen Vorgang mehrmals wiederholen, den Teig eventuell zwischendurch kühlen. Danach ausstechen.

Roquefort-Cronuts

ZUTATEN für 8 Stück

8 Cronuts (Grundrezept siehe S. 38f.)

Für die Füllung

8 Walnusskerne

200 g Frischkäse mit Joghurt

5 EL Milch │ 50 g Roquefort oder ein anderer Edelpilzkäse

75–100 g Sahne │ Salz

frisch gemahlener weißer Pfeffer

Für die Deko

1 Bund Schnittlauch

32 halbe Walnusskerne

Zubereitungszeit (ohne Cronuts): ca. 40 Minuten + 30 Minuten Kühlzeit

ZUBEREITUNG

• Die Cronuts wie im Rezept beschrieben zubereiten und auf einem Kuchengitter abkühlen lassen.

• Für die Füllung Walnusskerne erst grob hacken und anschließend mit dem Pürierstab sehr fein zerkleinern.

• Frischkäse, Milch und Roquefort in eine Schüssel geben und mit den Quirlen des Handrührgeräts cremig rühren. Sahne zugießen und cremig unterrühren. Pürierte Walnüsse ebenfalls unterrühren. Mit Salz und Pfeffer würzen und 30 Minuten kalt stellen.

• Die Füllung aufschlagen. 1/3 davon beiseitestellen. In die Cronuts von oben mit einer Lochtülle (Nr. 4/5) jeweils 5 Löcher stechen. Füllung in eine Garnierspritze mit langer Tülle geben und in die Öffnungen füllen.

• Für die Deko Schnittlauch waschen und trockenschütteln. Beiseitegestellte Käsemasse in eine Garnierspritze mit Sterntülle geben und jeweils vier Tupfen auf die Cronuts setzen. Die Tupfen jeweils mit ½ Walnusskern garnieren. Mit Schnittlauchhalmen verzieren und sofort servieren.

Bagels –
süß und pikant

Der handtellergroße, ringförmige Bagel, von jüdischen Einwanderern aus Osteuropa Ende des 19. Jahrhunderts nach Nordamerika mitgebracht, wird aus Hefeteig bereitet, in Wasser getaucht und anschließend goldbraun gebacken. Durch das Eintauchen in heißes Wasser tritt die Stärke an die Oberfläche; im Backofen sorgt sie dafür, dass sich die Poren schließen und eine appetitliche Kruste entsteht.

Bagels – das Grundrezept

ZUTATEN für 8 Stück
Für den Teig

300 g Weizenmehl (Type 450) oder
je 150 g Weizenmehl (Type 550) und Dinkelmehl | 1 Päckchen Trockenhefe (7 g)
40 g weiche Butter oder 4 EL neutrales Pflanzenöl | 1 TL Zucker
oder flüssiger Honig | 1 Ei (Gr. M) | ½ TL Salz
Außerdem
Mehl zum Bestäuben | Öl zum Einfetten des Backpapiers | 1 EL Honig
1 Eigelb zum Bestreichen (Gr. M) | etwas Milch zum Bestreichen
2 EL geschälte Sesamsamen; alternativ: Mandeln, Sonnenblumenkerne,
Kräuter, Röstzwiebeln
Zubereitungszeit: ca. 60 Minuten + 80 Minuten Gehzeit + 15 Minuten Backzeit

ZUBEREITUNG

• Mehl und Trockenhefe in einer Schüssel mischen. In die Mitte eine Mulde drücken. Butter oder Pflanzenöl in 150 Milliliter lauwarmem Wasser leicht erwärmen. Die Mischung lauwarm abkühlen lassen, Zucker oder Honig darin auflösen, Ei einrühren. In die Mehlmulde geben, salzen und verrühren.

• Die Hefemasse mit den Knethaken des Handrührgeräts erst auf niedriger Stufe, dann auf höchster Stufe etwa 5 Minuten zu einem glatten Teig verarbeiten. Mit leicht bemehlten Händen zu einem geschmeidigen Teig verkneten, zu einer Kugel formen, mit etwas Mehl bestäuben und in der Schüssel abgedeckt 60 Minuten an einem warmen Ort gehen lassen, bis er sein Volumen verdoppelt hat.

• Die Arbeitsfläche und den Teig leicht mit Mehl bestäuben, Teig mit einem Teigschaber zusammenstoßen und mit leicht bemehlten Händen durchkneten. Aus der Schüssel nehmen und ca. 1 bis 2 Zentimeter dick ausrollen. 8 Kreise (8 cm Ø) ausstechen, auf ein mit Backpapier ausgelegtes Blech setzen und zugedeckt nochmals 20 Minuten gehen lassen. Anschließend in der Mitte kleinere Kreise (2–3 cm Ø) ausstechen.

• Backblech mit Backpapier auslegen und dieses leicht einfetten. 2 Liter Wasser und Honig in einem großen, breiten Topf aufkochen lassen, gut umrühren. Die Temperatur reduzieren; das Wasser darf nicht kochen. Den Backofen auf 200 °C (Umluft 180 °C, Gas Stufe 3) vorheizen.

• Die Teigstücke portionsweise zuerst mit der Oberseite nach unten in das Wasser geben und darin 3 bis 4 Minuten ziehen lassen. Dann umdrehen und nochmals 3 bis 4 Minuten ziehen lassen. Nacheinander mit einem Schaumlöffel herausheben, gut abtropfen lassen und auf das mit gefettetem Backpapier ausgelegte Backblech setzen. Eigelb mit etwas Milch verrühren und die Teigstücke damit bestreichen. Mit Sesamsamen bestreuen.

• Das Gebäck auf der mittleren Schiene des Ofens etwa 15 Minuten backen und anschließend auf einem Kuchengitter erkalten lassen.

Bagels mit Frischkäse-Erdbeer-Creme

ZUTATEN für 8 Stück

8 Bagels mit Mandeln (Grundrezept siehe S. 60f.)

Für die Füllung

ca. 750 g gleich große Erdbeeren | 8 Salatblätter (z. B. Frisée oder Lollo bianco)

200 g Doppelrahmfrischkäse | 3–4 EL Milch

1 TL Vanillepulver (Aroma)

Zubereitungszeit (ohne Bagels): ca. 30 Minuten

ZUBEREITUNG

- Für die Füllung Erdbeeren waschen und putzen. 1/3 davon sehr fein würfeln. Die restlichen Früchte in Scheiben schneiden. Salatblätter waschen und trockenschütteln. Dicke Rippen entfernen, Salatblätter klein zupfen.
- Doppelrahmfrischkäse, Milch, Vanillepulver und Erdbeerwürfel in ein hohes Gefäß geben und mit dem Stabmixer fein pürieren.
- Die Bagels waagerecht mit einem Brotmesser halbieren. Jeweils beide Hälften mit der Frischkäse-Erdbeer-Creme bestreichen. Die unteren Bagelhälften mit Salatblättern belegen. Darauf die Erdbeerscheiben verteilen. Mit den oberen Bagelhälften bedecken. Die Bagels senkrecht halbieren oder in Viertel schneiden – so lassen sie sich besser essen. Sofort servieren.

Tipp

Wer mag, kann auf die Erdbeerscheiben noch Erdbeersirup träufeln.

Variante

Etwa 8 Esslöffel Erdbeerfruchtaufstrich mit dem Frischkäse verrühren und auf die unteren Bagelhälften streichen. Für die Füllung 16 ganze Erdbeeren in Scheiben schneiden und auf den Salatblättern verteilen.

Bagels mit Kiwi und Schinken

ZUTATEN für 8 Stück

8 Bagels mit Sesam (Grundrezept siehe S. 60f.)

Für die Füllung

150 g Crème fraîche (30 % Fett)

4 EL milder Joghurt

1 TL Dijon-Senf

2 TL Feigensenf

2 Kiwis

4–5 mittelgroße Salatblätter (z. B. Römer- oder Radicchiosalat)

4 dünne Scheiben halbfester Schnittkäse à ca. 20 g (z. B. Géramont)

4 hauchdünne Scheiben geräucherte Putenbrust à 20 g

Zubereitungszeit (ohne Bagels): ca. 25 Minuten

ZUBEREITUNG

• Die Bagels wie im Rezept beschrieben zubereiten und auf einem Kuchengitter abkühlen lassen.

• Für die Füllung Crème fraîche, Joghurt sowie Dijon- und Feigensenf cremig rühren. Kiwis schälen, halbieren und in Scheiben schneiden. Salatblätter waschen, trockenschleudern und klein zupfen. Die Käse- und Putenbrustscheiben halbieren.

• Die Bagels waagerecht mit einem Brotmesser halbieren. Alle Bagelhälften mit der Joghurt-Senf-Creme bestreichen. Die unteren Bagelhälften mit Salatblättern, Kiwi-, Putenbrust- und Käsescheiben belegen. Mit den oberen Bagelhälften bedecken.

Variante

Sehr gut dazu passen auch kleine Feigen. Diese erst entstielen, dann in Scheiben schneiden. Statt Feigensenf dann Orangensenf oder Minz-Zitronen-Sauce (z. B. von Escoffier) verwenden.

Chicken-Sunrise-Bagels

ZUTATEN für 8 Stück

8 Bagels mit Sonnenblumenkernen (Grundrezept siehe S. 60f.)

Für die Füllung

2 Hähnchenbrustfilets à 150 g | Salz | frisch gemahlener weißer Pfeffer

2 EL Sonnenblumenöl | 1 Mango

1 Bund Koriandergrün | 2 kleine Chilischoten

4–5 Salatblätter (z. B. Lollo bianco) | 1 kleine rote Zwiebel

100 g weiche Butter mit Joghurt (Milchstreichfett)

2 EL Zitronensaft, frisch gepresst | ½ TL Chiliflocken | ¼ TL Currypulver scharf

Zubereitungszeit (ohne Bagels): ca. 40 Minuten

ZUBEREITUNG

• Für die Füllung Hähnchenbrustfilets waschen, trockentupfen und mit Salz und Pfeffer würzen. Das Öl in einer beschichteten Pfanne erhitzen und die Hähnchenbrustfilets darin unter Wenden etwa 10 Minuten braten. Aus der Pfanne nehmen und abkühlen lassen.

• Mango schälen. Von einer Hälfte das Fruchtfleisch in Würfeln vom Stein schneiden, von der anderen Scheiben abschneiden. Koriander waschen und trockenschütteln. Die Blättchen abzupfen und fein schneiden.

• Chilischoten waschen, längs halbieren, entkernen und fein schneiden. Salatblätter waschen und trockenschütteln. Dicke Rippen entfernen, die Blätter klein zupfen. Zwiebel abziehen und in feine Ringe schneiden.

• Joghurtbutter, Zitronensaft, Koriander, Chili und Mangowürfel pürieren. Mit Chiliflocken, Curry, Salz und Pfeffer abschmecken. Die Hähnchenbrustfilets schräg in dünne Scheiben schneiden.

• Die Bagels waagerecht mit einem Brotmesser halbieren. Beide Hälften mit der Mango-Joghurtbutter bestreichen. Die unteren Hälften mit Salat belegen, Hähnchen- und Mangoscheiben sowie Zwiebelringe daraufgeben. Mit den oberen Bagelhälften bedecken.

Bagels dänische Art

ZUTATEN für 8 Stück

8 Bagels mit Röstzwiebeln (Grundrezept siehe S. 60f.)

Für die Füllung

8 kleine Würstchen à ca. 6 g; alternativ: 2 Wiener Würstchen à 70 g

2 kleine Gewürzgurken | 1 Zwiebel | 3–4 Salatblätter | 1 EL mittelscharfer Senf

6 EL Bio-Pflaumenketchup (z. B. Bio-Pflaume von Herr Edelmann)

6 EL Salatcreme (10 % Fett) | 8 TL Röstzwiebeln

Zubereitungszeit (ohne Bagels): ca. 20 Minuten

ZUBEREITUNG

• Für die Füllung die Würstchen in Wasser erwärmen, herausnehmen und in Scheiben schneiden. Die Gewürzgurken schräg in dünne Scheiben schneiden. Zwiebel abziehen, halbieren und quer in Ringe schneiden. Salatblätter waschen, trockenschleudern und in Stücke zupfen.

• Die Bagels waagerecht mit einem Brotmesser halbieren. Die Salatblätter auf den unteren Bagelhälften verteilen. Darüber jeweils Würstchen- und Gurkenscheiben sowie Zwiebelringe geben. Senf sowie je 4 Esslöffel Pflaumenketchup und Salatcreme in Klecksen daraufgeben und mit Röstzwiebeln bestreuen. Restlichen Pflaumenketchup und restliche Salatcreme auf die oberen Bagelhälften streichen und die Bagels damit bedecken.

Tipp

Wer mag, kann 60 Gramm Röstzwiebeln oder 100 Gramm Mohn oder 100 Gramm gehackte Kürbis- oder Sonnenblumenkerne in den gegangenen Hefeteig der Bagels einkneten.

Variante

Bio-Pflaumenketchup lässt sich prima selbst herstellen: Dafür einfach Pflaumenmus und etwas Bio-Ketchup verrühren.

Bagels mit Tofu und Gemüse

ZUTATEN für 8 Stück

8 Bagels mit Sesam (Grundrezept siehe S. 60f.)

Für die Füllung

4 dünne Scheiben Tofu à 50 g | 8 EL Teriyakimarinade (aus dem Asia-Laden)
4 kleine Tomaten | 1 großes Bund Radieschen oder 2 kleine Eiszapfenrettiche
8 EL frische Sprossen (z. B. Rote-Bete-Sprossen)
8 Salatblätter (z. B. Endivie und Rucola) | 2 EL Rapsöl | 8 TL Mangochutney

Zubereitungszeit (ohne Bagels): ca. 30 Minuten + 20 Minuten Marinierzeit

ZUBEREITUNG

• Für die Füllung Tofu in 1 Zentimeter große Würfel schneiden, in ein Gefäß geben und mit Teriyakimarinade bestreichen. 20 Minuten oder am besten über Nacht darin marinieren lassen.

• Tomaten waschen und in dünne Scheiben schneiden, dabei die Stielansätze entfernen. Radieschen oder Eiszapfenrettiche waschen, putzen und in Scheiben schneiden. Mit den Tomaten abgedeckt beiseitestellen. Sprossen in einem Sieb abbrausen und abtropfen lassen. Salatblätter waschen und klein zupfen.

• Öl in einer beschichteten Pfanne erhitzen. Tofu in der Pfanne von jeder Seite 2 Minuten braten. Herausnehmen und auf Küchenpapier entfetten.

• Die Bagels waagerecht mit einem Brotmesser halbieren. Beide Hälften mit etwas Mangochutney bestreichen. Salat daraufsetzen. Darüber Tofuwürfel sowie Tomaten- und Radieschen- oder Rettichscheiben verteilen. Sprossen darübergeben und mit der oberen Bagelhälfte bedecken. Sofort servieren.

Variante

1 Bund Rucola nach dem Waschen von dicken Stielen befreien, Blätter sehr gut trockenschwenken und in heißem Fett frittieren. Die knusprigen Rucolablätter auf den Sprossen verteilen. Rasch mit den Bagelhälften bedecken. Und vorsichtig – das Fett kann spritzen!

Crogels –
außen knusprig,
innen weich

Hier hatten zwei Seelen einen Gedanken.
Der Bäckermeister der Supermarktkette
Stew Leonard, im Viertel Williamsburg, kreuzte
Croissants und Bagels. Heraus kam der Cragel.
Kurz zuvor hatte der Patissier Dominique Ansel ebenfalls Croissant und Bagel gezwittert.
Er nannte sein Gebäck Crogel. Wie beim Bagel
wird auch beim Crogel der Rohling in Wasser
vorgegart und danach gebacken. Und so ist dieses Gebäckstück außen besonders knusprig und
innen köstlich weich.

Crogels – das Grundrezept

ZUTATEN für 8 Stück

Für den Hefe-Blätterteig

125 ml Milch

25 g weiche Butter

250 g Mehl (Type 405 oder 550)

1 Päckchen Trockenhefe (7 g)

2 EL feinster Zucker

½ TL Salz │ 1 Ei (Gr. M)

Für das Butterstück

125 g weiche Butter │ 25 g Mehl

Außerdem

Mehl zum Verkneten und für die Arbeitsfläche

etwas Milch, 2 Eigelb (Gr. M) und je 1 Prise Salz und Zucker zum Bestreichen

1 Eiweiß zum Bestreichen │ Öl für das Blech

1 kräftige Prise Salz │ 1 EL flüssiger Honig

Zubereitungszeit: ca. 110 Minuten + 60 Minuten Gehzeit

+ ca. 75 Minuten Kühlzeit + 25–30 Minuten Backzeit

ZUBEREITUNG

• Für den Teig Milch erhitzen, Butter darin auflösen. Mehl und Trockenhefe in einer großen Schüssel mischen. Zucker, Salz, Ei und lauwarme Milchmischung dazugeben und mit den Knethaken des Handrührgeräts erst auf kleiner, dann auf höherer Stufe zu einem elastischen Teig verarbeiten. Mit bemehlten Händen etwa 5 Minuten kneten, zu einer Kugel formen, flach drücken und in der Schüssel abgedeckt an einem warmen Ort etwa 60 Minuten gehen lassen, bis sich sein Volumen verdreifacht hat.

• Für das Butterstück Butter und Mehl verkneten, zu einem Ziegel formen und zwischen zwei Lagen Frischhaltefolie etwa daumendick ausrollen (ca. 20 x 20 cm). In Frischhaltefolie gewickelt etwa 15 Minuten kalt stellen.

- Den Teig zusammenstoßen und auf der bemehlten Arbeitsfläche etwa 1,5 Zentimeter dick rechteckig ausrollen. Das Butterstück in die Mitte legen, den Hefeteig von allen Seiten darüberschlagen. In Frischhaltefolie wickeln und 30 Minuten kühl stellen.

- Vom Teigziegel die Folie abziehen. Den Teig in einer Richtung ausrollen, bis er dreimal so lang wie breit ist. Dabei die Teigrolle immer wieder absetzen und mehr klopfen als rollen, da sich der Teig sonst verschiebt. Beide Teigenden zur Mitte hin einschlagen, wieder 30 Minuten kühlen und diesen Vorgang zwei- bis dreimal wiederholen.

- Den Teig auf der bemehlten Arbeitsfläche 1 Zentimeter dick rechteckig ausrollen (ca. 20 x 40 cm). Mit einem Messer waagerecht halbieren, sodass 2 Teigplatten (20 x 30 cm) entstehen. Jede Teigplatte in 4 Streifen (7,5 cm breit und 30 cm lang) schneiden. Milch und 1 Eigelb verrühren und die Streifen dünn damit bestreichen. Nach Belieben mit geriebenen Mandeln, geriebenem Käse oder grob geriebenem Marzipan bestreuen oder dünn mit Konfitüre bestreichen. Von der Schmalseite her umklappen und die drei offenen Seiten festdrücken. Die Rechtecke vorsichtig etwas in die Länge ziehen, dabei spiralförmig drehen. Die Enden etwas flach drücken, mit Eiweiß bestreichen und anschließend zu einem Kreis aufeinanderdrücken.

- Den Backofen auf 200 °C (Umluft 180 °C, Gas Stufe 3) vorheizen. Das Backblech mit Backpapier auslegen und leicht mit Öl bepinseln. 1,5 Liter Wasser, Salz und Honig in einem großen, breiten Topf aufkochen, gut umrühren. Die Temperatur reduzieren, das Wasser darf nicht kochen. Die Teigstücke portionsweise hineingeben und pro Seite darin 3 bis 4 Sekunden ziehen lassen. Nacheinander vorsichtig mit einem Schaumlöffel herausheben, gut abtropfen lassen und auf das Backblech setzen. Restliches Eigelb mit etwas Milch, Salz und Zucker verrühren und die Teigstücke damit bestreichen. Nach Belieben mit Sesamsamen oder gehackten Sonnenblumenkernen bestreuen.

- Das Gebäck auf der mittleren Schiene 25 bis 30 Minuten im Ofen backen. Die Crogels auf einem Kuchengitter erkalten lassen, waagerecht halbieren, füllen und sofort servieren.

Crogels – das Grundrezept mit Fertigteig

ZUTATEN für 8 Stück
2 Packungen Croissantteig à 250 g (aus dem Kühlregal) | 2 Eier (Gr. M)
Außerdem
Mehl für die Arbeitsfläche | Öl für das Blech | 1 EL flüssiger Honig
etwas Milch sowie je 1 Prise Salz und Zucker zum Bestreichen
Zubereitungszeit: ca. 40 Minuten + 25–30 Minuten Backzeit

ZUBEREITUNG
- Erst den Inhalt einer Packung Croissantteig auf der bemehlten Arbeitsfläche entrollen. Die Markierungen mit einem Teelöffelstiel verschließen. Eier trennen.
- Die gesamte Teiglänge (ca. 60 cm) nicht an den Markierungen in 4 rechteckige Teile (ca. 15 cm breit) schneiden. Nach Belieben dünn mit geriebenen Mandeln, geriebenem Käse oder geriebenem Marzipan bestreuen oder mit wenig Konfitüre bestreichen. Die Längsseite überklappen und etwa um 3 Zentimeter in die Länge ziehen. Die Teigstücke spiralförmig drehen, die Enden etwas flach drücken, mit der Hälfte des Eiweißes bestreichen und fest drücken.
- Den Backofen auf 200 °C (Umluft 180 °C, Gas Stufe 3) vorheizen. Ein Backblech mit Backpapier auslegen und dieses leicht mit Öl bepinseln. 1,5 Liter Wasser und Honig in einem großen, breiten Topf aufkochen, gut umrühren – das Wasser darf nicht kochen. Die Teigstücke portionsweise hineingeben, 3 bis 4 Sekunden darin ziehen lassen, umdrehen und nochmals 3 bis 4 Sekunden ziehen lassen. Nacheinander vorsichtig herausheben und auf das Backblech setzen.
- 1 Eigelb mit Milch, Salz und Zucker verrühren und die Teigstücke damit bestreichen. Nach Belieben mit Sesamsamen oder gehackten Sonnenblumenkernen bestreuen. Das Gebäck auf der mittleren Schiene 25 bis 30 Minuten im Ofen backen, dann auf einem Kuchengitter erkalten lassen. Mit der anderen Packung Croissantteig ebenso verfahren. Crogels waagerecht halbieren und füllen.

Crogels mit Früchteaufstrich

ZUTATEN für 8 Stück
8 Crogels (Grundrezepte siehe S. 70f. und 72)
Für den Belag
75 g Erdbeeren oder Himbeeren oder Brombeeren
150 g sehr weiche Butter │ 2 EL Puderzucker │ abgeriebene Schale von ½ Bio-Zitrone
Zubereitungszeit (ohne Crogels): ca. 20 Minuten

ZUBEREITUNG
- Für den Belag die Früchte putzen, waschen, sehr gut trockentupfen und würfeln. Butter und gesiebten Puderzucker cremig schlagen. Die Früchte nach und nach hinzufügen und mit dem Stabmixer alles fein pürieren. Abgeriebene Zitronenschale unterrühren.
- Die Crogels waagerecht halbieren. Die unteren Hälften mit der Früchtebutter bestreichen. Mit den oberen Hälften bedecken und sofort servieren.

Crogels mit buntem Quark

ZUTATEN für 8 Stück

8 Crogels (Grundrezepte siehe S. 70f. und 72)

Für den Belag

1 Bund Radieschen oder

4–5 kleine Eiszapfenrettiche

1 kleine Zwiebel

je 3 Stängel Petersilie, Dill und Schnittlauch

250 g Speisequark (20 % Fett)

3 EL Milch

Salz

frisch gemahlener schwarzer Pfeffer

2 Messerspitzen Chiliflocken

einige kleine Salatblätter (z. B. Rucola oder Bärlauch)

Zubereitungszeit (ohne Crogels): ca. 30 Minuten

ZUBEREITUNG

- Die Crogels wie im Rezept beschrieben zubereiten und auf einem Kuchengitter abkühlen lassen.
- Für den Belag Radieschen oder Rettiche waschen, putzen und in Stifte schneiden. Zwiebel abziehen und fein hacken. Kräuter waschen und trockenschütteln. Die Blätter von den Stängeln zupfen und fein hacken. Schnittlauch in feine Röllchen schneiden.
- Quark und Milch cremig rühren, mit Salz, Pfeffer und Chili würzen. Radieschen- oder Rettichstifte, Zwiebel und Kräuter mit dem Quark verrühren und pikant abschmecken. Die Salatblätter waschen, trockentupfen und eventuell von dicken Blattrippen befreien.
- Die Crogels waagerecht halbieren. Die unteren Hälften mit Salatblättern belegen, darauf den Quark verteilen. Mit den oberen Crogelhälften bedecken und sofort servieren.

Crogels mit Lachscreme und Kaviar

ZUTATEN für 8 Stück

8 Crogels (Grundrezepte siehe S. 70f. und 72)

Für den Belag

200 g Doppelrahmfrischkäse | 100 g Speisequark (20 % Fett)

4–5 EL Sahne | 1 kleines Sardellenfilet

1–2 EL Fischfond (aus dem Glas) | frisch gemahlener schwarzer Pfeffer

4 Scheiben Räucherlachsfilet à 10 g

einige kleine Wildsalatblätter (z. B. Löwenzahn, Sauerampfer, Vogelmiere)

80 g Keta-Kaviar

Zubereitungszeit (ohne Crogels): ca. 15 Minuten

ZUBEREITUNG

• Für den Belag Doppelrahmfrischkäse, Speisequark und Sahne in einer Schüssel cremig schlagen. Sardellenfilet abspülen, trockentupfen und sehr fein hacken. Mit Fischfond im Mixer pürieren und anschließend unter die Frischkäsemasse rühren.

• Die Creme mit Pfeffer würzen. Lachs in kleine Würfel schneiden und unter die Creme heben. Wildsalatblätter waschen, trockentupfen und von eventuellen dickeren Stielen befreien.

• Die Crogels waagerecht halbieren. Die unteren Hälften mit 2/3 der Creme bestreichen. Mit Wildsalatblättern belegen und mit den oberen Hälften bedecken. Die Crogels mit der restlichen Creme bestreichen und mit Kaviar garnieren. Sofort servieren.

Tipp

Die Crogels mit Lachscreme und Kaviar vor dem Anrichten mit einem scharfen Messer vierteln und Gästen als Häppchen servieren.

Crogels mit Zucchini und Bacon

ZUTATEN für 8 Stück

8 Crogels (Grundrezepte siehe S. 70f. und 72)

Für den Belag

400 g kleine grüne oder gelbe Zucchini

einige Tropfen Dill- oder Kräuteressig

Salz

frisch gemahlener schwarzer Pfeffer

150 g dänischer Bacon

2 EL Olivenöl

einige kleine Salatblätter (z. B. Radicchio)

einige Stängel Dill

Zubereitungszeit (ohne Crogels): ca. 25 Minuten

ZUBEREITUNG

• Für den Belag Zucchini waschen, putzen und in sehr dünne Scheiben hobeln. In eine Schale legen, mit Dill- oder Kräuteressig beträufeln und mit Salz und Pfeffer bestreuen.

• Den Bacon mit Olivenöl in einer beschichteten Pfanne ausbraten. Mit dem Speckfett herausnehmen. Die Salatblätter waschen, trockentupfen und von eventuellen dicken Blattrippen befreien. Dill waschen und trockenschütteln.

• Die Crogels waagerecht halbieren. Die unteren Hälften mit etwas Speckfett beträufeln, Salatblätter darüber verteilen. Die Zucchinischeiben aus der Schale nehmen und trockentupfen. Dachziegelartig auf die Salatblätter schichten, mit Dill und Bacon belegen. Mit den oberen Crogelhälften bedecken und sofort servieren.

Tipp

Statt Zucchini können Sie auch in Scheiben geschnittene Mini-Salatgurken verwenden.

Crogels mit Avocado-Eier-Creme

ZUTATEN für 8 Stück

8 Crogels (Grundrezepte siehe S. 70f. und 72)

Für den Belag

2 reife Avocados

2–3 EL Sahne

Saft von 1 Bio-Zitrone

Salz

frisch gemahlener weißer Pfeffer

2 Frühlingszwiebeln

2 hart gekochte Eier (Gr. M)

einige kleine Radicchiosalatblätter

einige kleine Eichblattsalatblätter

Zubereitungszeit (ohne Crogels): ca. 20 Minuten

ZUBEREITUNG

• Die Crogels wie im Rezept beschrieben zubereiten und auf einem Kuchengitter abkühlen lassen.

• Für den Belag Avocados halbieren, den Kern entfernen, das Fruchtfleisch aus den Schalen lösen und würfeln. Mit Sahne in eine Schüssel geben und cremig rühren. Mit Zitronensaft, Salz und Pfeffer würzen.

• Frühlingszwiebeln waschen, putzen und in sehr feine Ringe schneiden. Unter die Avocadocreme rühren und diese 10 Minuten durchziehen lassen. Die Eier pellen, würfeln und unter die Creme heben. Die Creme abschmecken. Salat waschen, trockenschütteln und klein zupfen.

• Die Crogels waagerecht halbieren. Die unteren Hälften mit Salatblättern belegen. Die Avocado-Eier-Creme darübergeben. Mit den oberen Crogelhälften bedecken und sofort servieren.

Crogels mit Thunfischcreme

ZUTATEN für 8 Stück

8 Crogels (Grundrezepte siehe S. 70f. und 72)

Für den Belag

1 kleine Dose Thunfisch im eigenen Saft (EW 195 g)

1 kleine Zwiebel │ 2–3 dünne Stangen Sellerie

125 g leichte Mayonnaise (4,9 % Fett) │ 4–5 EL Fischfond (aus dem Glas)

2 EL Zitronensaft, frisch gepresst │ Salz │ frisch gemahlener weißer Pfeffer

1 kleine Tomate │ 4 Cornichons │ einige kleine Salatblätter

Zubereitungszeit (ohne Crogels): ca. 20 Minuten + 60 Minuten Ruhezeit

ZUBEREITUNG

• Für den Belag Thunfisch in ein Sieb geben und abtropfen lassen. In eine Schüssel geben und mit einer Gabel zerpflücken. Zwiebel abziehen und fein reiben. Sellerie waschen, putzen und in sehr dünne Scheiben schneiden oder hobeln. Zwiebel und Sellerie in ein hohes Gefäß geben und mit dem Stabmixer pürieren. Die Thunfischstücke unterrühren.

• Mayonnaise und Fischfond verrühren, mit Zitronensaft sowie Salz und Pfeffer würzen und unter die Thunfischcreme mischen. 60 Minuten abgedeckt durchziehen lassen.

• Tomate waschen, vierteln, von den Stielansätzen befreien und in Scheiben schneiden. Cornichons ebenfalls in Scheiben schneiden. Salatblätter waschen, trockenschwenken und zerpflücken.

• Die Crogels waagerecht halbieren. Die unteren Hälften mit Salatblättern belegen. Mit Thunfischcreme bedecken. Tomaten- und Cornichonscheiben darauf verteilen. Mit den oberen Crogelhälften bedecken und sofort servieren.

Tipp

Der Sellerie lässt sich durch 1 grüne Paprikaschote oder grüne Erbsen ersetzen. Auch kleine, abgetropfte Kapern sind statt der Cornichons willkommen.

Bruffins – eine kleine Mahlzeit

Der New Yorker Bäckermeister Scot Rossillo war 2013 und 2014 im Backrausch. Neben dem Cragel – seiner persönlichen Kreuzung von Croissant und Bagel – kreierte er den Bruffin, die Kreuzung aus Brioche und Muffin. Briocheteig, ein lockerer, fettreicher Hefeteig, wird in einer Muffinform gebacken. In den Teig lassen sich sowohl süße als auch herzhafte Zutaten wie Schinken, Wurst, Käse, Gewürze und Kräuter einrollen; danach heißt es für den Teig: ab ins Muffinblech und anschließend für 30 Minuten in den Backofen. Der Teig passt sich den unterschiedlichsten Zutaten an, und so entstehen kleine Mahlzeiten.

Briocheteig – das Grundrezept

ZUTATEN für 12 Stück

Für den Briocheteig

250 g Mehl │ ½ Würfel frische Hefe (21 g) oder 1 Päckchen Trockenhefe
30 g Zucker │ 100 ml Milch │ 60 g weiche Butter │ 1 Eigelb (Gr. M) │ ¼ TL Salz
abgeriebene Schale von ½ Bio-Zitrone

Außerdem

12 Papierförmchen │ Öl für die Papierförmchen │ Mehl für die Arbeitsfläche
1 Eigelb (Gr. M) und 3–4 EL Milch oder Sahne zum Bestreichen

Zubereitungszeit: ca. 35 Minuten + 90 Minuten Gehzeit + 30 Minuten Backzeit

ZUBEREITUNG

• Für den Teig Mehl in eine Schüssel geben, in die Mitte eine Mulde drücken und die frische Hefe hineinbröckeln. Die Hefe mit etwas Zucker, etwas Milch und etwas Mehl zu einem Vorteig verrühren. Abgedeckt 15 Minuten gehen lassen.

• Butter in der restlichen Milch schmelzen und abkühlen lassen. Restlichen Zucker, Eigelb, Salz, Zitronenabrieb und nach und nach die Milch-Butter-Mischung zum Vorteig geben. Alles mit den Knethaken erst auf niedriger, dann auf höchster Stufe in 5 Minuten zu einem glatten Teig verarbeiten. Nochmals etwa 60 Minuten gehen lassen, bis der Teig sein Volumen deutlich vergrößert hat.

• Den Backofen auf 200 °C (Umluft 180 °C, Gas Stufe 3) vorheizen. In die Mulden eines Muffinblechs die Papierförmchen setzen und diese mit Öl einfetten.

• Den Hefeteig zusammenstoßen, gut durchkneten und auf der wenig bemehlten Arbeitsfläche rechteckig (ca. 40 x 30 cm) ausrollen. Mit beliebigen Zutaten belegen oder bestreichen, dabei seitlich 1 Zentimeter Rand frei lassen. Von der langen Teigkante her aufrollen und in 12 Scheiben schneiden. Die Scheiben aufrecht in die gefetteten Muffinförmchen stellen und 15 Minuten gehen lassen.

• Eigelb und Milch oder Sahne verrühren und die Teigröllchen damit bestreichen. Nach Belieben garnieren. Die Teigröllchen auf der mittleren Schiene etwa 30 Minuten im Ofen backen und anschließend sofort servieren.

Briocheteig – das Grundrezept mit Fertigteig

ZUTATEN für 12 Stück

Für den Briocheteig

2 Packungen Hörnchenteig à 230 g (aus dem Kühlregal)

2 Eier (Gr. M)

Außerdem

Mehl für die Arbeitsfläche

12 Papierförmchen

Öl für die Papierförmchen

3–4 EL Milch oder Sahne zum Bestreichen

Zubereitungszeit: ca. 20 Minuten + 15 Minuten Gehzeit

+ 20–30 Minuten Backzeit

ZUBEREITUNG

• Erst den Inhalt einer Packung Hörnchenteig auf der leicht bemehlten Arbeitsfläche entrollen. Die vorgezeichneten Markierungen gut verschließen. Eier trennen.

• Den Backofen auf 200 °C (Umluft 180 °C, Gas Stufe 3) vorheizen. In die Mulden eines Muffinblechs die Papierförmchen setzen und diese mit Öl einfetten.

• Die Hälfte der gewünschten Füllung auf dem Teig verteilen. Den Teig von der kurzen Seite her aufrollen, die Enden mit der Hälfte des Eiweißes bestreichen und fest andrücken. Die Rolle in 6 Scheiben schneiden. Die Scheiben aufrecht in die gefetteten Muffinförmchen stellen und 15 Minuten gehen lassen.

• 1 Eigelb mit Milch oder Sahne verrühren und die Teigröllchen damit bestreichen. Auf der mittleren Schiene 20 bis 30 Minuten im Ofen backen. Nach Belieben mit Glasur und/oder Deko garnieren und anschließend sofort servieren.

• Mit dem Hörnchenteig aus der zweiten Packung ebenso verfahren. Jeder Teig ergibt 6 Gebäckstücke.

Bruffins mit Rosinen und Kardamom

ZUTATEN für 12 Stück

12 Bruffins (Grundrezepte siehe S. 82 und 83)

Für die Füllung

100 g Rosinen │ 6–7 EL Rum oder Apfelsaft │ 100 g Zitronat │ 2 EL Mehl
50 g Mandelblättchen │ abgeriebene Schale von ½ Bio-Zitrone
1 Päckchen Bourbon-Vanillezucker │ ½ TL gemahlener Zimt
3 Prisen Kardamom

Außerdem

Mehl für die Arbeitsfläche │ 1 Eigelb und 3–4 EL Milch oder Sahne zum Bestreichen

Zubereitungszeit (ohne Bruffins): ca. 25 Minuten

+ 15 Minuten Gehzeit + 30 Minuten Backzeit

ZUBEREITUNG

° Die Bruffins wie im Rezept beschrieben bis einschließlich Vorheizen des Backofens zubereiten.

° Für die Füllung Rosinen fein hacken und in Rum oder Apfelsaft marinieren. Zitronat ebenfalls sehr fein schneiden. Rosinen gründlich ausdrücken und trockentupfen. Mit Zitronat und Mehl mischen.

° Den gegangenen Hefeteig zusammenstoßen, gut durchkneten und auf der wenig bemehlten Arbeitsfläche rechteckig (ca. 40 x 30 cm) ausrollen. Mandelblättchen auf der Teigplatte verteilen. Darauf die Rosinenmischung geben und mit Zitronenabrieb, Vanillezucker, Zimt und Kardamom bestreuen. Dabei ½ Zentimeter Rand frei lassen. Von der langen Teigkante her aufrollen und in 12 Scheiben schneiden. Die Scheiben aufrecht in die gefetteten Muffinförmchen stellen und 15 Minuten gehen lassen.

° Eigelb und Milch oder Sahne verrühren und die Teigröllchen damit bestreichen. Auf der mittleren Schiene etwa 30 Minuten im Ofen backen. Sofort servieren.

Bruffins mit Marzipan und Pistazien

ZUTATEN für 12 Stück

12 Bruffins (Grundrezepte siehe S. 82 und 83)

Für die Füllung

300 g Marzipanrohmasse | 5 ml Marzipanlikör

Außerdem

Mehl für die Arbeitsfläche

1 Eigelb und 3–4 EL Milch oder Sahne zum Bestreichen

50 g gehackte Pistazien oder Mandelblättchen zum Bestreuen

Zubereitungszeit (ohne Bruffins): ca. 30 Minuten

+ 20 Minuten Kühlzeit + 15 Minuten Gehzeit + 30 Minuten Backzeit

ZUBEREITUNG

• Die Bruffins wie im Rezept beschrieben bis einschließlich Vorheizen des Backofens zubereiten.

• Für die Füllung Marzipanrohmasse im Kühlschrank 20 Minuten fest werden lassen. Dann auf einer Rohkostreibe grob in einen Mixbecher reiben, 1 bis 2 Esslöffel heißes Wasser sowie Marzipanlikör dazugeben und geschmeidig rühren. Sollte die Masse nicht cremig genug sein, noch etwas heißes Wasser einrühren.

• Den gegangenen Hefeteig zusammenstoßen, gut durchkneten und auf der wenig bemehlten Arbeitsfläche rechteckig (ca. 40 x 30 cm) ausrollen. Die Marzipanmischung darauf verstreichen und mit Pistazien bestreuen. Dabei ½ Zentimeter Rand frei lassen. Von der langen Teigkante her aufrollen und in 12 Scheiben schneiden. Die Scheiben aufrecht in die gefetteten Muffinförmchen stellen und 15 Minuten gehen lassen.

• Eigelb mit Milch oder Sahne verrühren und die Teigröllchen damit bestreichen. Mit Pistazien oder Mandelblättchen bestreuen und auf der mittleren Schiene etwa 30 Minuten im Ofen backen. Sofort servieren.

Bruffins mit Mandeln, Zucker und Zimt

ZUTATEN für 12 Stück

12 Bruffins (Grundrezepte siehe S. 82 und 83)

Für die Füllung

40 g Butter | 45 g Rohrzucker

2 TL gemahlener Zimt

100 g Mandelblättchen

Außerdem

Mehl für die Arbeitsfläche

1 Eigelb und 3–4 EL Milch oder Sahne zum Bestreichen

25 g Mandelblättchen zum Bestreuen

Zubereitungszeit (ohne Bruffins): ca. 20 Minuten

+ 15 Minuten Gehzeit + 30 Minuten Backzeit

ZUBEREITUNG

- Die Bruffins wie im Rezept beschrieben bis einschließlich Vorheizen des Back-ofens zubereiten.
- Für die Füllung die Butter in einem kleinen Topf zerlassen. Rohrzucker und Zimt mischen.
- Den gegangenen Hefeteig zusammenstoßen, gut durchkneten und auf der wenig bemehlten Arbeitsfläche rechteckig (ca. 40 x 30 cm) ausrollen. Mit etwas zerlassener Butter bestreichen. Erst die Mandeln, dann die Zucker-Zimt-Mischung darüberstreuen und dabei ½ Zentimeter Rand frei lassen. Von der langen Teigkante her aufrollen und in 12 Scheiben schneiden. Die Scheiben aufrecht in die gefetteten Muffinförmchen stellen und 15 Minuten gehen lassen.
- Eigelb und Milch oder Sahne verrühren und die Teigröllchen damit bestreichen. Mit Mandelblättchen bestreuen und auf der mittleren Schiene etwa 30 Minuten im Ofen backen. Sofort servieren.

Bruffins mit Mohn und Rosinen

ZUTATEN für 12 Stück

12 Bruffins (Grundrezepte siehe S. 82 und 83)

Für die Füllung

40 g Rosinen | 3–4 EL Rum | 125 g Mohnmischung (Fertigprodukt) | 1 Eigelb

Für die Glasur

150 g Puderzucker | 2–3 EL Zitronensaft, frisch gepresst

Außerdem

Mehl für die Arbeitsfläche

Zubereitungszeit (ohne Bruffins): ca. 35 Minuten

+ 25 Minuten Ruhezeit + 30 Minuten Backzeit

ZUBEREITUNG

- Die Bruffins wie im Rezept beschrieben bis einschließlich Vorheizen des Back-ofens zubereiten.
- Für die Füllung Rosinen fein hacken und in einer Schüssel mit Rum beträufeln. Mohnmischung und Eigelb unterkneten. 10 Minuten durchziehen lassen.
- Den gegangenen Hefeteig zusammenstoßen, gut durchkneten und auf der wenig bemehlten Arbeitsfläche rechteckig (ca. 40 x 30 cm) ausrollen. Die Füllung auf dem Teig verteilen, dabei ½ Zentimeter Rand frei lassen. Von der langen Teigkante her aufrollen und in 12 Scheiben schneiden. Die Scheiben aufrecht in die gefetteten Muffinförmchen stellen und 15 Minuten gehen lassen.
- Die Teigröllchen auf der mittleren Schiene etwa 30 Minuten im Ofen backen.
- Für die Glasur Puderzucker sieben und mit Zitronensaft verrühren. Die Bruffins damit bestreichen und auf einem Kuchengitter trocknen lassen. Anschließend servieren.

Tipp

Die restliche Mohnmischung lässt sich gut verschlossen und in einem weiteren Plastikbeutel verpackt im Kühlschrank einige Tage aufbewahren.

Bruffins mit Speck und Zwiebeln

ZUTATEN für 12 Stück

12 Bruffins (Grundrezepte siehe S. 82 und 83)

Für die Füllung

2 kleine Zwiebeln | 150 g mild geräucherter Bacon

je ½ Bund Oregano und Petersilie | 180 g geriebener Cheddar

Außerdem

Mehl für die Arbeitsfläche | 1 Eigelb und 3–4 EL Milch oder Sahne zum Bestreichen

20 g Cheddar oder Röstzwiebeln zum Bestreuen

Zubereitungszeit (ohne Bruffins): ca. 35 Minuten

+ 15 Minuten Gehzeit + 30 Minuten Backzeit

ZUBEREITUNG

• Die Bruffins wie im Rezept beschrieben bis einschließlich Vorheizen des Backofens zubereiten.

• Für die Füllung Zwiebeln abziehen und fein würfeln. Bacon sehr fein würfeln. Den Bacon in einer Pfanne unter Wenden braten. Zwiebeln dazugeben. Bacon-Zwiebel-Mischung auf einen mit Küchenpapier ausgelegten Teller geben.

• Kräuter waschen und trockenschütteln. Die Blätter abzupfen und fein hacken. In einer Schüssel mit der Bacon-Zwiebel-Mischung verrühren.

• Den gegangenen Hefeteig zusammenstoßen und auf der wenig bemehlten Arbeitsfläche rechteckig (40 x 30 cm) ausrollen. Erst die Bacon-Zwiebel-Mischung, dann den Cheddar auf dem Teig verteilen, dabei ½ Zentimeter Rand frei lassen. Von der langen Teigkante her aufrollen und in 12 Scheiben schneiden. Die Scheiben aufrecht in die Muffinförmchen stellen und 15 Minuten gehen lassen.

• Eigelb und Milch oder Sahne verrühren und die Teigröllchen damit bestreichen. Großzügig mit Cheddar oder Röstzwiebeln bestreuen und auf der mittleren Schiene etwa 30 Minuten im Ofen backen. Sofort servieren.

Bruffins mit Schinken und Käse

ZUTATEN für 12 Stück

12 Bruffins (Grundrezepte siehe S. 82 und 83)

Für die Füllung

150 g italienischer gekochter Schinken in dünnen Scheiben

3 EL Feigensenf

200 g Hartkäse am Stück (z. B. Bergkäse)

frisch gemahlener schwarzer Pfeffer

Außerdem

Mehl für die Arbeitsfläche

1 Eigelb und 3–4 EL Milch oder Sahne zum Bestreichen

Zubereitungszeit (ohne Bruffins): ca. 20 Minuten

+ 15 Minuten Gehzeit + 30 Minuten Backzeit

ZUBEREITUNG

• Die Bruffins wie im Rezept beschrieben bis einschließlich Vorheizen des Backofens zubereiten.

• Den gegangenen Hefeteig zusammenstoßen und auf der wenig bemehlten Arbeitsfläche rechteckig (ca. 40 x 30 cm) ausrollen. Die Schinkenscheiben an den Rändern überlappend darauflegen – dabei ½ Zentimeter Rand frei lassen – und zwischendurch mit Feigensenf bestreichen. Den Käse darüberreiben. Mit Pfeffer bestreuen. Von der langen Teigkante her aufrollen und in 12 Scheiben schneiden. Die Scheiben aufrecht in die gefetteten Muffinförmchen stellen und 15 Minuten gehen lassen.

• Eigelb und Milch oder Sahne verrühren und die Teigröllchen damit bestreichen. Auf der mittleren Schiene etwa 30 Minuten im Ofen backen. Sofort servieren.

Tipp

Zu den Bruffins mit Schinken und Käse passt auch deutscher gekochter Schinken. Dieser sollte allerdings keinen Fettrand haben.

Bruffins mit gewürztem Lammhack

ZUTATEN für 12 Stück

12 Bruffins (Grundrezepte siehe S. 82 und 83)

Für die Füllung

1 kleine Zwiebel | 1 Knoblauchzehe | 1 TL Butterschmalz

2 EL feine Semmelbrösel | 3 EL Sahne | 1 Eigelb

200 g Lammhackfleisch | 50 g Rinderhackfleisch

3 EL süßer Senf | 1 Prise abgeriebene Bio-Zitronenschale | Salz | Pfeffer

je ¼ TL Chiliflocken, Kreuzkümmel, Kardamom und gemahlener Zimt

Außerdem

Mehl für die Arbeitsfläche | 1 Eigelb und 3–4 EL Milch oder Sahne zum Bestreichen

Zubereitungszeit (ohne Bruffins): ca. 35 Minuten

+ 15 Minuten Gehzeit + 30–40 Minuten Backzeit

ZUBEREITUNG

• Für die Füllung Zwiebel und Knoblauch abziehen und sehr fein würfeln. In einer beschichteten Pfanne in dem heißen Butterschmalz glasig dünsten. Herausnehmen und abtropfen lassen. Semmelbrösel und Sahne verrühren, 5 Minuten quellen lassen. Eigelb unterrühren.

• Zwiebel-Knoblauch-Mischung in eine Schüssel geben. Mit Hackfleisch, Eimischung sowie Senf verrühren. Zitronenabrieb und Gewürze untermischen.

• Den gegangenen Hefeteig zusammenstoßen und auf der wenig bemehlten Arbeitsfläche rechteckig (ca. 40 x 30 cm) ausrollen. Die Hackfleischmischung darauf glatt streichen und ½ Zentimeter Rand frei lassen. Von der langen Teigkante her aufrollen und in 12 Scheiben schneiden. Die Scheiben aufrecht in die gefetteten Muffinförmchen stellen und 15 Minuten gehen lassen.

• Eigelb und Milch oder Sahne verrühren und die Teigröllchen damit bestreichen. Die Bruffins auf der mittleren Schiene 30 bis 40 Minuten im Ofen backen.

Rezeptregister

Über die Autorin

Karin Iden arbeitete in einem großen Lebensmittelkonzern – sie war zuständig für Verbraucherfragen und Rezeptentwicklung – und bei der kulinarischen Zeitschrift *Menü von A–Z* als Redakteurin und Kochstudioleiterin, bevor sie sich als Fachjournalistin selbstständig machte. In mittlerweile über 80 Kochbüchern verführt sie ihre Leser zum Kochen und Genießen. Karin Iden ist Mitglied des Food Editors Club und lebt in Hamburg.

Impressum

1. Auflage 2015

© 2015 by Südwest Verlag, einem Unternehmen der Verlagsgruppe Random House GmbH, 81637 München
Die Verwertung der Texte und Bilder, auch auszugsweise, ist ohne Zustimmung des Verlags urheberrechtswidrig und strafbar. Dies gilt auch für Vervielfältigungen, Übersetzungen, Mikroverfilmung und für die Verarbeitung mit elektronischen Systemen.

Hinweise

Die Ratschläge/Informationen in diesem Buch sind von Autorin und Verlag sorgfältig erwogen und geprüft. Dennoch kann eine Garantie nicht übernommen werden. Eine Haftung der Autorin bzw. des Verlags und seiner Beauftragten für Personen-, Sach- und Vermögensschäden ist ausgeschlossen. Die Verlagsgruppe Random House weist ausdrücklich darauf hin, dass bei Links im Buch zum Zeitpunkt der Linksetzung keine illegalen Inhalte auf den verlinkten Seiten erkennbar waren. Auf die aktuelle und zukünftige Gestaltung, die Inhalte oder die Urheberschaft der verlinkten Seiten hat der Verlag keinerlei Einfluss. Deshalb distanziert sich die Verlagsgruppe hiermit ausdrücklich von allen Inhalten der verlinkten Seiten, die nach der Linksetzung verändert wurden, und übernimmt für diese keine Haftung.

Bildnachweis

Bildredaktion: Tanja Zielezniak
Cover: Shutterstock Images/ Teri Virbickis
Foodfotos und Requisitenstyling: Maike Jessen, www.maikejessen.de
Foodstyling: Nicole Reymann
Wir danken Knack & Back für die freundliche Unterstützung und die Bereitstellung der Frischteige für die Fotoproduktion.

Redaktionsleitung: Silke Kirsch
Projektleitung: Sonia Gembus, Sonya Mayer
Layout & Producing: Layer Cake, Jürgen Kiermeier, München
Redaktion: Dr. Ulrike Kretschmer, München
Bildredaktion: Tanja Zielezniak
Korrektorat: Susanne Langer M.A.
Reproduktion: Regg Media GmbH, München
Druck & Verarbeitung: Alcione, Lavis (Trento)
Printed in Italy

Verlagsgruppe Random House FSC® N001967
Das für dieses Buch verwendete FSC®-zertifizierte
Papier *Profimatt* liefert Sappi Ehingen.

ISBN 978-3-517-09376-5